問題解決のための
データ分析応用講座

Takahashi Ichirou
高橋威知郎 著

ビジネス教育出版社

はじめに

本書の内容

　あなたのデータ分析・活用は、ビジネスに利益をもたらせていますか?

　会社であなたがデータ分析・活用をすることになったとき、次のように
やる気に満ちているかもしれません。

「よし、データ分析をするぞ!」

　もしくは、あなたは次にように不安に思うかもしれません。

「え?　どうすればいいの」

　このようなとき、多くの人は「分析手法の知識」や「分析ツールの使い
方」を習得しようとします。

　しかし、それだけでは何も生み出しません。高校や大学などの高等教育
で学んだだけで、実社会に便益をもたらそうとするようなものです。そこ
には、どう活用するのか、という大きな壁が立ちはだかります。

　つまり、「分析手法の知識」や「分析ツールの使い方」を習得しただけ
では、ビジネス実務でデータ活用し成果を出すことは難しいということです。

　これは多くの人が経験する「データ分析に立ちはだかる実践・活用の壁」
です。

　本書は、「データ分析・活用で成果を出したい!」という方向けの本で
す。

　そのためアカデミックな厳密性にこだわる方には向きません。つまり、
数理統計学の理論を学ぶための書籍ではありません。機械学習の手法を知
るための書籍でもありません。

この本の目指すところは、実際のビジネスの現場におけるデータ分析・活用です。

　その中で、統計学的な判断をデータ分析に組み込むことを考えますが、数理統計学的な厳密性を考慮することは二の次にします。

　私が 20 代のころ、数理統計学的な厳密性を最大限に考慮したデータ分析を試行したことがありました。

　いたずらに時間だけ過ぎ、骨の折れるものでした。工夫次第でどうにかなりそうで、どうにもならないものでした。現場のスピード感に合わせるためには、どこかで厳密性の追求を放棄する必要がでてきました。

　言いたいことは、「明らかに逸脱していない限り、実務的にはいいのではないか」ということです。

　したがって、数理統計学的な厳密性は追及しません。数理統計学の世界から見ると、この本の中では可笑しなデータ分析をやっているかのように見えるかもしれません。

　その点は、注意してください。

　本書は、大きく基礎知識編と Excel 活用編に分かれています。

　基礎知識編では、「比較」というキーワードで、データ分析・実践をするときに必要な最低限の知識を説明しています。

　非常に乱暴なアプローチですが、「比較」というキーワードに、「統計的仮説検定」と「回帰分析」という 2 つの統計学的なツールを活用した、データ分析・活用のメソドロジーを紹介しています。

　Excel 活用編では、実際に Excel を使ったデータ分析・活用のお話になります。実務で、「比較」というキーワードでデータ分析できる状態に持っていくことを想定しています。

　Excel で実施できるデータ分析は想像以上にあります。しかし、無理にExcel に最初から搭載されている機能だけでデータ分析を実施すると、や

や難しくなります。

　そのため、より高度なデータ分析・活用を目指す方は、データサイエンティストが好んで利用する R や Python、Julia というフリーのデータ分析ツールに挑戦するといいでしょう。

　Excel を使い「比較」というキーワードで、あなたの身近な業務（少なくとも、データが存在する業務）で、本書を片手にデータ分析・活用にチャレンジし、問題解決していきましょう。

　Excel 活用編で利用した Excel ファイルは、セールスアナリティクス社の HP（https://www.salesanalytics.co.jp/）からダウンロードできます。

目　　次

① 分析の基本は、結局のところ「比較」にある

ん？

Part Ⅰ 基礎知識編

1. 分析の基本は、結局のところ「比較」にある

1-1. 比較にこだわり 1 点突破

■ 学んだこと、活かせていますか？

　「データ分析をやれ！」と言われたら、あなたならどうするでしょうか。

　多くの人は、分析手法の知識や分析ツールの使い方を習得しようとします。データ分析をするのだから、当然と言えば当然です。しかしそれだけでは、ビジネス実務でデータ活用し成果を出すことは難しいことでしょう。

　どのくらい難しいのかというと、「高校や大学などの高等教育で得たことを、実社会で活用し社会貢献するぐらい」の難しさです。

　これは多くの人が経験する「データ分析に立ちはだかる実践・活用の壁」です。

実践・活用の壁

2

　私は20年以上、データ分析の世界に身を置いています。

　ここ10年、情報爆発やビッグデータなどのキーワードと共に、データ分析に興味をもつ人が増えました。増えたのはいいのですが、私は次のような質問を、まさにここ10年よくされます。

「どのようなデータで、どのように分析をすればいいの？」

　このように質問する気持ちも分かります。しかし、このような質問が一番困ります。なぜならば、なんて答えればいいのか分からないからです。

ここ10年で急増した「困る質問」

データ分析は、よく「料理」に例えられます。データが「食材」で、分析が「調理」です。料理の場合、次のような質問になります。

「どのような食材で、どのように調理をすればいいの？」

このような質問を、プロの料理人にしても、その料理人は困ってしまうことでしょう。

調理の場合

質問者

どのような食材でどのような調理をすればいいの⁉

プロの料理人

　なぜでしょうか。

　理由は簡単で、何の料理のことを指しているのか分からないからです。カレーライスのことを指しているのか、ハンバーグのことを指しているのか、チンジャオロースーのことを指しているのかで、当然ながら食材も調理法も変わってきます。

　例えば、「4歳の牛乳アレルギーと小麦アレルギーのある男の子でもおいしく食べられるカレーライス」とでも言ってもらえれば、答えようがあります。

■　知識を得、知っただけでは実践は難しい

　分析手法の知識や分析ツールの使い方を習得することは、料理で例えると、料理法の知識と調理器具の使い方を習得したに過ぎません。

　料理法の知識と調理器具の使い方を習得しただけで、お店に出せるぐらいおいしい料理を作れと言うのは無茶苦茶な話です。先輩の指導のもと、現場での見習い期間が必要でしょう。

　データ分析の手法の知識や分析ツールの使い方を習得しただけで、社内の「お困りごと」であるビジネス課題を解決し、ビジネス成果を出せというのも同様に無茶苦茶です。料理のように、先輩の指導のもと、現場での見習い期間が必要なのです。

　要するに、知識を得、使い方を知っただけでは、ビジネスの実務でのデータ分析・活用の実践は難しいのです。

　ここで言う実践とは、単にデータ分析をしてみました、ということではありません。データ分析・活用の結果、例えばビジネスプロセスが効率化し、売上アップやコストカットなどの利益変動を起こし企業 PL（損益計算書）にポジティブなインパクトを与えたということです。

　では、データ分析の手法の知識や分析ツールの使い方を習得すること以外で、何が必要なのでしょうか。

　ビジネスの現場でデータ分析・活用をするとき、データを集計したり分析したり、数理モデルを構築するといった「データと格闘すること」よりも、関係者に説明したり現場と議論をするといった「人と格闘すること」が重要になることが多いです。

データと格闘すること以上に人と格闘する必要がある

関係者に説明したり……

現場と議論したり……

一致団結し成果を出したり……

　「データとの格闘」と「人との格闘」の中でキーになるものとして、「活用イメージ」というものがあります。文字通り、データを現場で活用するイメージです。このイメージを持ってデータと格闘できるかどうかは非常に重要です。このイメージは現場を知る努力なくして持ち得ません。しかし、現場に精通しているからといって、「活用イメージ」を持てるわけでもありません。このイメージを想像する力が必要です。

　要するに、データ分析の手法の知識や分析ツールの使い方を知っていても、「活用のイメージを持てるほどの想像力」が足りていない場合、ビジネス成果を出すのは非常に難しいです。

　この「活用のイメージ」を持てるようになるには、多くの場合、実務経験が必要です。先輩の指導のもと、現場での見習い期間が必要です。端的に言うと、OJT（On-the-Job Training）が必要です。OJT とは、職場で

実務をさせる職業教育・訓練法の1つで、実務を通じて知識やスキルなどを身に着けさせようとするものです。

　OJT には、当然ながらデータ分析でビジネス成果を出し続けているプロが必要になります。昔からデータ分析・活用の盛んな会社や部署であれば、そのようなプロがいるため、OJT の仕組みさえ構築できれば問題ないかもしれません。

　しかし、そのようなプロが身近にいない場合もあります。OJT の仕組みがまだない場合もあります。そのような場合、どうすればいいのでしょうか。データ分析・活用のイメージを含まらせるトレーニング法は、OJT 以外にはないのでしょうか。

■　再現トレーニング

　私が 20 代のころ実践したやり方があります。

　それは、過去のデータ分析プロジェクトの「再現トレーニング」です。

　報告書などに沿って一からデータを整備し集計し分析しモデル構築などを実施し、再現していきます。このとき、報告書も一から自分で作成し再現します。一つ一つ丁寧に再現していきます。もちろん、報告書のコメントの一字一句再現していきます。

　これは、OJT だけでは物足りなかった私が実践した方法です。OJT で経験できるプロジェクト数には限りがあります。より多くの経験値を積むために実施しました。

過去プロジェクトで再現トレーニング

報告書などに沿って一からデータを整備し集計し分析しモデル構築などを実施
報告書もグラフも何もかも一つ一つ丁寧に自分で作成し再現

　もしかしたら、「過去のプロジェクトの報告書を読むだけで十分ではないのか」と、思った方もいるかもしれません。私も最初、そのように思いました。しかし、報告書を読むだけでは、表面をなぞっただけで、具体的なイメージを含まらせることはできませんでした。

　この再現トレーニングのポイントは、「この部分は再現しなくてもいいだろう」と思い端折らないことです。例えば、データ整備も端折らない、グラフ作成も端折らない、レポートのコメントも端折らない、という感じです。

　当時の私が得たかったのは、「もし仮に、明日同じようなプロジェクトが始まったとき、具体的にどのように手を動かせばいいのかが見える」というレベルのスキルです。

　写経に過ぎないと思われるかもしれません。しかし、そこから得られる

ものは非常に多く、単に過去のプロジェクトの報告書資料を読むだけでは得られないものが、手を動かして再現することで得られます。

　例えば、なぜこのような分析を実施したのか、なぜ分析結果をこのようにグラフ表現したのか、なぜグラフの体裁をこのようにしたのか、などなどです。さらに、現場に意見をもらいに行ったとき、どのようなフィードバックもらい、どう対応したのか、現場で活用しようとしたとき、どのような問題が起き、どう修正したのか、その結果どう活用され、どのような成果につながったのか、といった活用されるまでの試行錯誤を垣間見ることができました。

　要するに、報告資料を読むだけでは得られなかった「意図」を垣間見ることができたのです。

再現トレーニングにより意図が感じ取れイメージできるようになる

しかし、データ分析・活用の盛んな会社や部署でない場合、その道のプロがいないだけでなく、過去のデータ分析を活用したプロジェクトが十分でないケースも多いでしょう。

■ 「比較」というキーワードでデータ分析・活用にチャレンジしよう！

私は幸運でした。周囲にはプロの分析者が多数おり、過去のプロジェクトに関する資料もビックリするぐらい綺麗に整備されていました。一回一回の打合せの議事録付きです。しかし残念ながら、多くの人はそのような境遇にないようです。

では、身近なところにデータ分析でビジネス成果を出し続けているプロがあまりおらず、過去のデータ分析を活用したプロジェクトが十分でない場合、どうすればいいのでしょうか。

過去の多くのプロジェクトを再現している中で、私はあることに気が付きました。それは、「分析の基本は、結局のところ『比較』にある」ということです。

もちろん、分析の基本は「比較」だけではありませんし、「比較」だけが重要なわけでもありません。実務で「比較」だけできればいいというわけでもありませんし、「比較」で十分なデータ分析・活用ができるわけではありません。

しかし、データ分析を活用するといったとき、「比較」という 1 つの考え方を実務で実践できるようになることで、「データ分析に立ちはだかる実践・活用の壁」を乗る超えるきっかけになり得ます。

そこで、Excel に最初から搭載されている「データ分析」の機能だけで、「比較」というキーワードで実践する、データ分析・活用の講習会を開催してみました。その講習会は好評で、「実業務とデータ分析がつながった」という嬉しい声を、多数の受講者から頂きました。そのエッセンスを注ぎ込んだのが本書です。

身近なところにデータ分析でビジネス成果を出し続けているプロがあまりおらず、過去のデータ分析を活用したプロジェクトが十分でない状況下で、あなたが「データ分析に立ちはだかる実践・活用の壁」にぶち当たっているのなら、まずは「比較」というキーワードでデータ分析・活用にチャレンジしてみてはいかがでしょうか。

1-2. 多くの人が何気なくやっている「比較」

ある小売チェーンの例で考えていきます。例えば、次のような状況はよくあります。これらの例は、「比較」というキーワードでデータ分析を進めることができます。

- 昨年の売上と比べ、今年の売上はどうだろうか？
- 今日の売上は、通常の売上と比べ悪いと言えるのだろうか？
- 先月のキャンペーンの影響はどうだろうか？
- 売上に効いている要因として、何が考えられるだろうか？
- 先日の土・日の売上が落ちた要因は、何であろうか？
- 何の対策も打たないままほったらかしにすると、来月どうなりそうか？
- A案とB案、どちらがいいだろうか？

誰もがイメージが付きやすいという理由で、小売チェーンを例にしていますが、あなたの業務で置き換えられるものも、上記の例の中にはあるのではないでしょうか。

小売チェーンの例をあなたの業務に置き換えてみよう

小売チェーン

- 今日の売上は、通常の売上と比べ悪いと言えるのだろうか？
- 先日の土・日の売上が落ちた要因は、何であろうか？
- 何の対策も打たないままほったらかしにすると、来月どうなりそうか？

置き換えてみる

製造現場

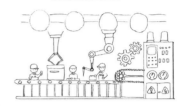

- 今日の歩留まり（良品の割合）は、通常と比べ異常と言えるだろうか？
- 歩留まりが悪化した要因は、何であろうか？
- 今週整備しないまま稼働すると、来週障害が起こりそうか？

　例えば、生産系の異常検知であれば、「今日の売上は、通常の売上と比べ悪いと言えるのだろうか？」を「今日の歩留まり（良品の割合）は、通常と比べ異常と言えるだろうか？」というふうに言い換えられます。その異常の要因を探るデータ分析であれば、「先日の土・日の売上が落ちた要因は、何であろうか？」を「歩留まりが悪化した要因は、何であろうか？」と言い換えられます。

　例えば、部品などを交換したり整備したりするため、設備機器などの障害を予測するプレディクティブ・メンテナンス（予知保全）であれば、「何の対策も打たないままほったらかしにすると、来月どうなりそうか？」を「今週整備しないまま稼働すると、来週障害が起こりそうか？」というふうに言い換えられます。その障害の対策を練るデータ分析であれば、「A案とB案、どちらがいいだろうか？」というふうになります。

　この7つの例を簡単に説明していきます。あなたの業務で置き換えて考え読み進めてください。

■　昨年の売上と比べ、今年の売上はどうだろうか？

　7 つの例で一番イメージが付きやすいのが、「昨年の売上と比べ、今年の売上はどうだろうか？」でしょう。

　小売チェーンの売上でなくても、2 つの集計した数字を比較することは、よくやるデータ分析の 1 つではないでしょうか。

　もう少し一般化して考えてみますと、2 つの期間（昨年 1 年間と今年 1 年間）のデータを集計し比較する、というデータ分析になります。実際は、期間は 3 つでも 4 つでも構いませんが、一番単純なのが 2 つの期間の比較です。

　「昨年の売上と比べ、今年の売上はどうだろうか？」の例ですと、日販（1 日の売上）の平均値を年ごとに集計し、次のようにグラフ化し比べたりします。

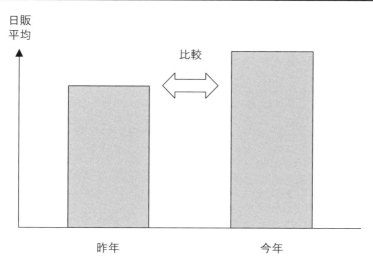

昨年に比べ今年の売上はどう？

このグラフは、昨年と今年の日販の平均値を計算し、縦棒グラフで表現したものです。

　グラフのタイプは、縦棒グラフでなくても構いません。どのようにグラフ化するのかは表現の問題です。活用する現場や人が一番馴染みやすいグラフ表現がいいでしょう。

　このようにグラフ化することで、昨年の日販よりも今年の日販が「高いのか、低いのか、同じくらいなのか」が目視で確認できます。これだけでも、ある種のデータ分析ですが、この書籍ではもう少し突っ込んだデータ分析を考えます。目視で「高い・低い・同じ」と判断するだけではなく、もう少し客観的に「高い・低い・同じ」と判断することを目指します。

　これから説明する例にも共通することですが、統計学的な判断をデータ分析に組み込むことを目指します。そうしないと、目視だけの判断になり、人の感覚のみに依存してしまうことになります。人の感覚が悪いといっているわけではありません。仮に人の感覚に依存するとしても、基準となる何かがあったほうがいいでしょう。要は、統計学的な判断をデータ分析に組み込み参考にした方が、判断を誤りにくいと考えられます。

　もちろん、統計学的な判断は絶対ではありません。最終的には、人知で判断を下すことになります。統計学的な判断は、単なる参考情報に過ぎません。

統計学的な判断を参考に人知で判断を下す

統計学的な情報　　　　　　　　　活用する現場

人知で判断を下す

　統計学的な判断をデータ分析に組み込むことを目指すと言っても、数理統計学的な厳密性にはこだわりません。そのため数理統計学の世界から見ると、いい加減なものに映ることでしょう。

　つまり、数理統計学的な厳密性を満たしたものではないということです。その点は、注意してください。

■　今日の売上は、通常の売上と比べ悪いと言えるのだろうか？

　先ほどの例のような、「ある期間（例：今年 1 年間）」と「他の期間（例：昨年 1 年間）」の比較だけではなく、「ある期間（例：直近 1 年間）」と「ある１つのデータ（例：今日）」の比較をすることもあります。

　例えば、「今日の売上は、通常の売上と比べ悪いと言えるのだろうか？」をデータ分析するケースです。グラフで表現すると次のようになります。

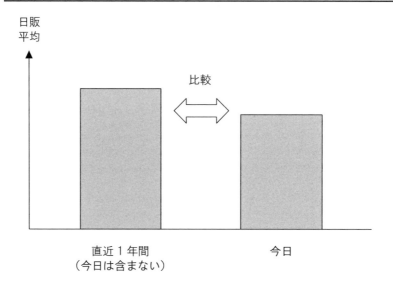

今日の売上はどう？

日販
平均

比較

直近 1 年間
（今日は含まない）

今日

データに条件（例：曜日が同じであるとか、同じ月であるとか、
天候が同じであるとか、など）を付けて比較することが多い

　このグラフは、「直近 1 年間の日販の平均値」と「今日の日販」を比較
したものです。
　データに条件（例：曜日が同じであるとか、同じ月であるとか、天候が
同じであるとか、など）を付けて比較してもいいでしょう。例えば、「今
日（日曜）の日販」と「ある期間（例：直近 1 年間）の土・日を含めた祝
日」の日販の平均を比較するといった感じです。

　この「今日の売上は、通常の売上と比べ悪いと言えるのだろうか？」は、
先ほど説明した 2 つの期間（例：直近 1 年間と今日）の比較とも見なす
こともできますが、比較する期間の長さが極端に異なります。つまり、
「短い期間」が直近の過去（例：今日）で、「長い期間」は「短い期間よ
り前の過去」（例：直近 1 年間）となっています。

　この例の場合、「長い期間のデータ」を「通常」とし、その通常に比べ「短い期間のデータ」に異常がないかどうかを分析することになります。

通常に比べ異常がないかどうかを分析する

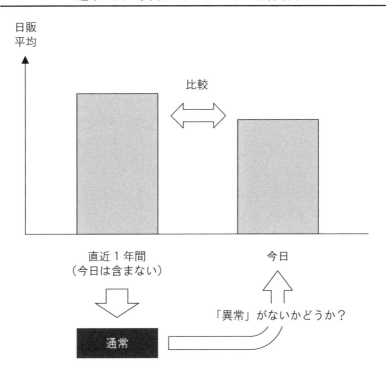

日販
平均

比較

直近１年間
（今日は含まない）

今日

通常

「異常」がないかどうか？

　グラフ表現も、縦棒グラフではなく、次のようなヒストグラムと呼ばれるデータの分布を表現したものでもいいでしょう。

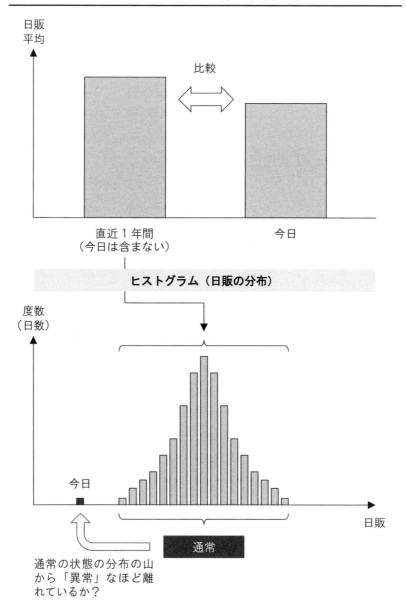

ヒストグラムを使い分析

日販
平均

比較

直近1年間
（今日は含まない）

今日

ヒストグラム（日販の分布）

度数
（日数）

今日

日販

通常

通常の状態の分布の山
から「異常」なほど離
れているか？

　先ほどの「昨年の売上と比べ、今年の売上はどうだろうか?」というデータ分析は、日々実施するデータ分析というよりも、四半期や1年間を総括するときに実施することが多いでしょう。

　一方で、この「今日の売上は、通常の売上と比べ悪いと言えるのだろうか?」というデータ分析はリアルタイム性が高く、売上に異常がないかどうかを日々モニタリング(もしくは、週次モニタリング)するために実施することが多いでしょう。

年数回の振り返りと日常的なモニタリング

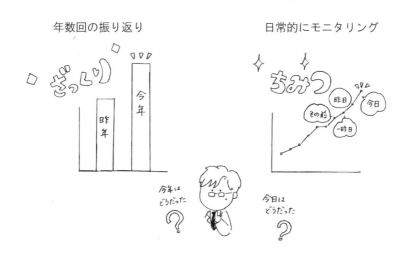

　「『今日』の売上は、通常の売上と比べ悪いと言えるのだろうか?」を、「『明日』の売上は、通常の売上と比べ悪くなりそうか?」や「『来月』の売上は、通常の売上と比べどうなりそうか?」と「未来要素」を組み込むと、将来予測が必要になります。この場合、未来と過去の「比較」になります。

　例えば、顧客の離反の可能性を示すチャーンスコア(離反スコア)の場合、顧客の離反する兆候であるチャーンスコア(離反スコア)をリアルタ

イムでモニタリングするデータ分析や、チャーンスコア（離反スコア）が変化しそうかどうかを予測するデータ分析（カスタマー・ヘルススコア分析など）をすることになります。

　例えば、設備のセンサーデータの場合、故障の兆候をリアルタイムでモニタリングするデータ分析や、故障の兆候を予知する予知保全（プレディクティブメンテナンス）のためのデータ分析をすることになります。このように、過去同志の比較だけでなく、今との比較や未来との比較などもあります。

■　先月のキャンペーンの影響はどうだろうか？

　今お話しした「今日の売上は、通常の売上と比べ悪いと言えるのだろうか？」は、「着目している指標（売上など）」に「好ましくない異常が起こったかどうか」を監視し、次の打ち手につなげるためのデータ分析です。

　逆に、「着目している指標（売上など）」に「好ましい異常が起こったかどうか」を監視し、次の打ち手に繋がるデータ分析もあります。

　例えば、「先月のキャンペーンの影響はどうだろうか？」といったものです。

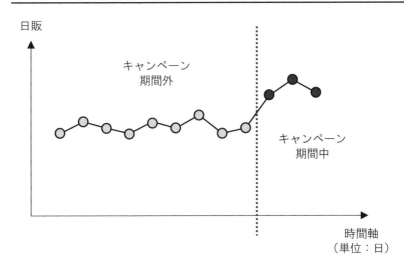

先月のキャンペーンの影響はどうだろうか？

日販

キャンペーン
期間外

キャンペーン
期間中

時間軸
（単位：日）

　キャンペーンを実施する目的は、売上に異常を起こすことです。そのた
め、この場合のデータ分析は、「キャンペーンを実施していない通常の売
上」に対し、「キャンペーンを実施することで異常なほど売上が上がった
のか」を検討します。

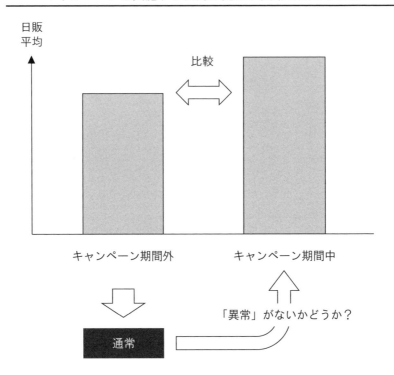

キャンペーンを実施する目的は売上に異常を起こすこと

日販
平均

比較

キャンペーン期間外　　　　　キャンペーン期間中

「異常」がないかどうか？

通常

　先ほどの「今日の売上は、通常の売上と比べ悪いと言えるのだろう
か？」との違いは、先ほどの例が「正常の範囲内の売上を『良し』とす
る」のに対し、この例は「正常の範囲を超えた売上を『良し』とする」と
ころにあります。

　この違いは、データ分析するときの「目的」によって生み出されていま
す。このように、同じようなデータを集計しグラフ化し眺めても、「目
的」によってそこから読み取るものも解釈が異なってきます。

■　売上に効いている要因として、何が考えられるだろうか？

　ここまでお話しした、「昨年の売上と比べ、今年の売上はどうだろうか？」や「今日の売上は、通常の売上と比べ悪いと言えるのだろうか？」、「先月のキャンペーンの影響はどうだろうか？」は、「着目している指標（売上など）の良し悪し」を考えるためのものでした。

　このような「着目している指標（売上など）の良し悪し」を考えるためのデータ分析を推し進めていくと、この「着目している指標（売上など）の良し悪し」を左右する要因が何なのかが気になってきます。このようなデータ分析をすることはよくあります。

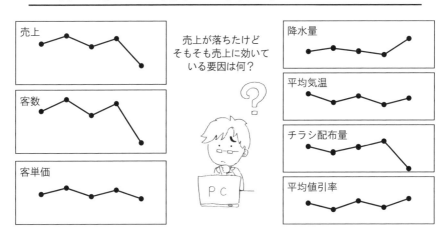

売上に効いている要因として、何が考えられるだろうか？

　例えば、「売上に効いている要因として、何が考えられるだろうか？」といったものです。このデータ分析の結果は、色々な用途に使えます。モニタリングしている売上などの指標に異常が見られた場合、その要因探求に使えます。

　先ほど説明した「昨年の売上と比べ、今年の売上はどうだろうか？」や

「今日の売上は、通常の売上と比べ悪いと言えるのだろうか？」、「先月のキャンペーンの影響はどうだろうか？」の分析をした後、問題が起こった時にその要因を探るデータ分析です。

　このようなデータ分析は通常、モニタリングしている売上などの指標に異常が見られた度に実施するのではなく、通常あらかじめ実施しておくことが多いです。異常が見られた度に実施すると、スピードが追い付かないからです。

　例えば、次のような「グラフィカルモデル」（もしくは、パス解析した結果）をあらかじめ作り後生大事にしまっておき、モニタリングしている売上などの指標に異常が見られたときに、引っ張り出して使います。

グラフィカルモデル（もしくは、パス解析）のイメージ

　さらに、要因を変化させたときどうなりそうかを知りたい場合、そのための予測モデル構築にも使えます。これについては別途説明します。

■ 先日の土・日の売上が落ちた要因は、何であろうか？

　今、「売上に効いている要因として、何が考えられるだろうか？」の結果を、「グラフィカルモデル」（もしくは、パス解析した結果）という形でグラフ表現し、モニタリングしている売上などの指標に異常が見られたときに、引っ張り出して使うと説明しました。

　例えば、「先日の土・日の売上が落ちた要因は、何であろうか？」といったデータ分析を実施するときに、このようなグラフィカルモデルを使ったりします。

先日の土・日の売上が落ちた要因は、何であろうか？

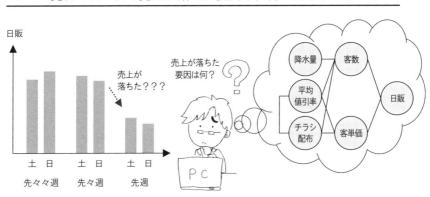

　このようなデータ分析は「要因分析」と言われることが多いです。

　ちなみに、要因分析の前に通常は「先日の土・日の売上は、通常の休日の売上と比べ悪いと言えるのだろうか？」というデータ分析（異常検知）が事前に実施されているケースが多く、そのデータ分析（異常検知）をした結果を受けて、要因分析をします。

要因分析の前に異常検知をすることが多い

異常検知		要因分析
先日の土・日の売上は、通常の休日の売上と比べ悪いと言えるのだろうか？		先日の土・日の売上が落ちた要因は、何であろうか？

　ちなみに、「先日の土・日の売上は、通常の休日の売上と比べ悪いと言えるのだろうか？」もそうですが、今まで説明した「昨年の売上と比べ、今年の売上はどうだろうか？」や「今日の売上は、通常の売上と比べ悪いと言えるのだろうか？」、「先月のキャンペーンの影響はどうだろうか？」と言った、「着目している指標（売上など）の良し悪し」を考えるためのデータ分析は、「異常検知」に分類されます。

　つまり多くの場合、「異常検知→要因分析」という流れになります。着目している指標（売上など）に異常がないかどうかを分析し、異常が見られればその要因を探り対策案を考えます。

　要因分析そのものの流れを、もう少し説明します。ざっくりとした流れは、次の3ステップになります。

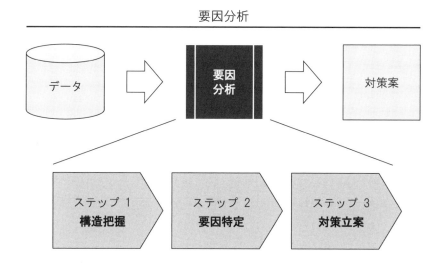

ステップ1の「構造把握」は、先ほど説明した「売上に効いている要因として、何が考えられるだろうか？」に該当します。アウトプットは、「グラフィカルモデル」（もしくは、パス解析の結果）です。このステップ1の「構造把握」は、モニタリングしている売上などの指標に異常が見られた度に実施するのではなく、あらかじめ実施しておくべきです。

ステップ2の「要因特定」は、「先日の土・日の売上が落ちた要因は、何であろうか？」に該当します。アウトプットは、売上悪化の要因です。しかし、すべての売上悪化要因を、データから見いだせるわけではありません。あくまでも、取得したデータから分かる範囲でしかわかりません。さらに、データから見いだせた要因の中には、コントロールできないものも含まれます。

ステップ3の「対策立案」は、今回の例ですと「悪化した売上に対しどのような対策を打つのか」です。データから見出したコントロールできる売上悪化要因だけでなく、データから見出されていない要因も考慮し検討していきます。この要因は、現場の人しか分かりません。明確なものもあ

れば、何となく感じているだけの不明確なものもあります。

　現場の人の頭の中の情報を引き出し、分析するのもデータ分析です。伝統的には、品質管理（QC）の世界で使われている新 QC 7 つ道具の「親和図法」や「系統図法」などの、簡単な定性データ分析手法で十分です。知りたい方は、姉妹書の「問題解決のためのデータ分析・基礎講座」などを参考にしていただければと思います。

■　何の対策も打たないままほったらかしにすると、来月どうなりそうか？

　モニタリングしている売上などの指標に異常が見られたと言っても、未来に起こるとは限りません。もしかしたら、今後は起きないかもしれません。

　モニタリングしている売上などの指標が悪化し続けていると言っても、それほどでもないかもしれません。もしかしたら、例年通りの現象が起っただけで問題ないのかもしれません。

　このように、「直近ヤバそうだが今度どうなりそうか？」と、未来をデータ分析することはよくあります。

　例えば、「何の対策も打たないままほったらかしにすると、来月どうなりそうか？」といったものです。

何の対策も打たないままほったらかしにすると、来月どうなりそうか？

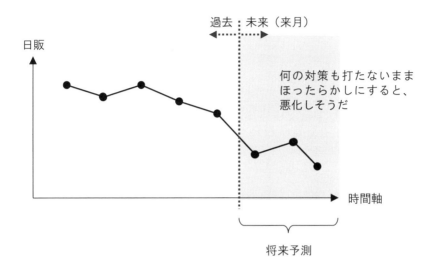

このような「着目している指標（売上など）の未来」を考えるためのデータ分析をするためには、「将来予測」が必要です。ちなみに、プレディクティブ・メンテナンス（予防保全）などの「『未来』の異常検知」は、「将来予測」に分類されます。

　将来予測のための数理モデル（予測モデル）は、要因分析の結果である「グラフィカルモデル」（もしくは、パス解析の結果）を参考に構築することが多いです。

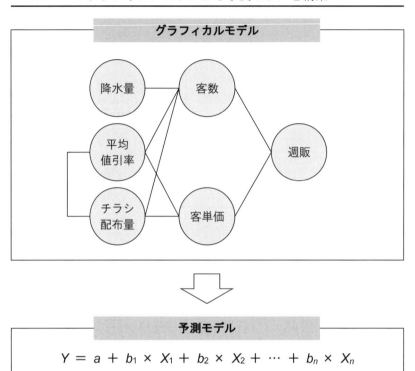

グラフィカルモデルから予測モデルを構築

グラフィカルモデル

降水量　客数　平均値引率　チラシ配布量　客単価　週販

予測モデル

$$Y = a + b_1 \times X_1 + b_2 \times X_2 + \cdots + b_n \times X_n$$

　将来予測のための数理モデル（予測モデル）などは、次のような「フィッシュボーンチャート」（魚の骨図）で表現すると分かりやすくなります。

数式をフィッシュボーンチャートで図示化

予測モデル

客数 ＝ a ＋ b_1 × 平均値引率 ＋ b_2 × チラシ配布量 ＋ b_3 × 降水量

図示化

フィッシュボーンチャート（魚の骨図）

降水量	平均値引率

客数

チラシ配布量

　ちなみに、「グラフィカルモデル」（もしくは、パス解析の結果）と「フィッシュボーンチャート」（魚の骨図）は非常に親和性が高く、先ほど説明した要因分析の結果の「グラフィカルモデル」（もしくは、パス解析の結果）を「フィッシュボーンチャート」（魚の骨図）で表現しても構いません。

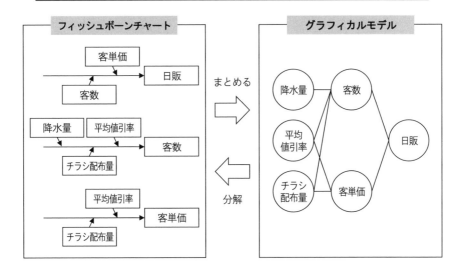

■ A案とB案、どちらがいいだろうか？

　要因分析の結果、いくつかの対策案が案出されたとします。どちらを選べばいいのでしょうか。

　例えば、「A案とB案、どちらがいいだろうか？」といったデータ分析です。

A案とB案、どちらがいいだろうか？

　このような意思決定のためのデータ分析は、未来を対象にしているため、「将来予測」が必要になります。

　意思決定のためのデータ分析は、データ分析・活用の目指すところと合致しています。データを使い、より良いアクションを起こすには、より良い意思決定が必要で、そのより良い意思決定をサポートするデータ分析だからです。

　統計解析のソフトウェアの老舗であるSAS社のHPで、データサイエンティストを次にように定義しています。

「データサイエンティストとは、さまざまな意思決定の局面において、データにもとづいて合理的な判断を行えるように意思決定者をサポートする職務またはそれを行う人のことです」（出典：https://www.sas.com/ja_jp/insights/analytics/what-is-a-data-scientist.html）

意思決定するのは、人間だけではありません。エアコンなどのコンピュータ制御されたものであれば、エアコンをつけるかどうかや温度の設定などは人間が意思決定しているかもしれませんが、その設定温度になるようにエアコンの機械の動きをコンピュータが意思決定し制御しています。最近では、AI（人工知能）ということもあるでしょう。

　「どちらかの選択肢を促す」という行為は、「レコメンド」と呼ばれます。未来のより良いアクションに繋げるために実施します。
　「A 案と B 案、どちらがいいだろうか？」などの提示した案に対しどちらがいいのかを示すレコメンドもありますし、案そのものを提示するレコメンドもあります。
　世の中はレコメンドで溢れています。例えば……

- 友人・知人からのアドバイス
- 営業パーソンが進めるソリューション
- 模擬テストの結果に記載されている安全圏（今の成績でいけそうな進学先）
- コンサルタントの提言レポートの結論
- Amazon で表示されるお勧め商品
- Google の検索窓に入力したワード（文字）に対する検索結果
- Facebook や Twitter のユーザの属性や行動などに対するフィード情報

……などです。

　今あげた例の中には、データとは無関係なものもありますが、すべて意思決定を促すレコメンドです。
　正直、レコメンドにはデータが必ず必要であるというわけではありません。データを使う理由は、より良い意思決定を目指すことにあります。
　例えば、Amazon の商品のレコメンドがいい加減であれば、誰もそのレコメンドにしたがって商品を購入しないでしょう。購入者が望んでいる商

品に近いレコメンドであれば、購入する可能性は高くなります。この Amazon の例の場合、データを使うことで「ユーザが購入する可能性を高めるレコメンドを目指す」「ユーザが求めるものを探す手間を省くレコメンドを目指す」などになることでしょう。

理想はユーザが求めるものを探す手間を省くレコメンド

　先ほども述べましたが、「意思決定のためのデータ分析」は、「データ分析・活用の目指すところ」と合致しています。そのため、意思決定するときに「異常検知」までで十分であれば、そこまでのデータ分析で構いませんし、要因分析までで十分であれば、そこまでのデータ分析で構いません。つまり、「A 案と B 案、どちらがいいだろうか?」に答えるレコメンドのためのデータ分析が、必ず必要であるわけではないということです。

　繰り返しますが、異常検知の結果を使い意思決定し、アクションを起こせるのであれば異常検知だけで十分ですし、要因分析の結果を使い意思決定し、アクションを起こせるのであれば要因分析までする必要があります

し、将来予測の結果があれば意思決定しアクションを起こせるのであれば将来予測をする必要がありますし、レコメンドがあることで意思決定が促されアクションが確実に起こせるのであればレコメンドをする必要があります。

1-3. 明日から使える「比較」のための統計学

■ 比較のための統計的仮説検定

　数理統計学の世界に、「統計的仮説検定」というものがあります。その中に、「差の検定」などがあります。「差があるのかどうか？」を検討する数理統計学の手法です。

　「差の検定」は、「比較」をするときに使えそうです。例えば、「昨年の売上と比べ、今年の売上はどうだろうか？」などです。

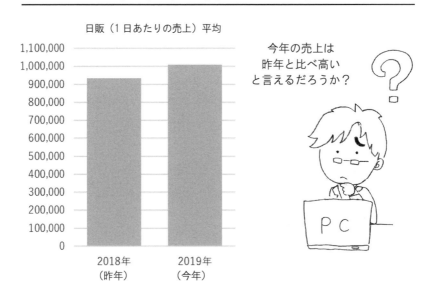

「差の検定」は、「比較」をするときに使えそう

この例ですと、昨年の日販（1日あたりの売上）と今年の日販を「比較」しています。

比較するとき、昨年と今年の日販の「差」をグラフで眺め、確かめることはよくあることでしょう。明らかに差が大きければ、差があるかどうかの判断が付くかもしれません。微妙な差の場合どうでしょうか。このような場合、差があるかどうかの判断が難しくなります。

さらに残念なことに、グラフの作り方で「差の大きさのイメージ」を変えることができます。そのため、グラフを眺めただけの判断は注意が必要です。

手助けとなる何かがあると助かります。例えば、統計的仮説検定です。統計的仮説検定は、当然ながらグラフの作り方に依存しません。

グラフの作り方で「差の大きさのイメージ」が変わる

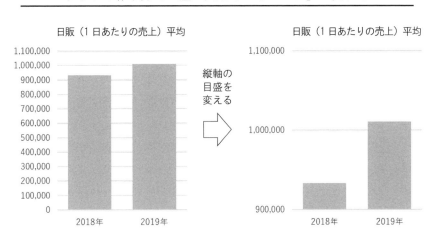

「差の検定」はグラフの作り方に依存しない

■ 統計的仮説検定の流れ

このような日販の差の有無を統計的仮説検定で実施するには、まず次のような2つの仮説を作ります。

● 帰無仮説 H_0：昨年の日販＝今年の日販
● 対立仮説 H_1：昨年の日販≠今年の日販

「帰無仮説 H_0」は、「昨年の日販＝今年の日販」ということで、「日販は昨年と今年で差があるとは言えない」という意味です。「対立仮説 H_1」は、「昨年の日販≠今年の日販」ということで、「日販は昨年と今年で差があると言える」という意味です。

この「帰無仮説」というワードは、聞き慣れない言葉ですので、簡単に説明します。

「計画が無に帰する」とか「努力が無に帰する」という表現がありますが、帰無仮説の「帰無」の部分のニュアンスも同じです。帰無仮説は「無に帰することを予定した仮説」で、対立仮説は「帰無仮説に対立する仮説」です。ややこしいですね。

要するに、「帰無仮説」は棄却したい仮説で、採択したいのは「対立仮説」です。「対立仮説」に「主張したいこと」を置き、その対立仮説を主張するために「引き立て役」という意味の「噛ませ犬」として「帰無仮説」を置きます。

では、統計的仮説検定の流れを簡単に説明します。

(1) 帰無仮説と対立仮説を立てる
(2) 帰無仮説を正しいと仮定する
(3) 帰無仮説を正しいと仮定し論理展開したら、矛盾が見つかる
(4) 矛盾が見つかったため、帰無仮説は正しくないと判断する
(5) 帰無仮説が正しくないので、対立仮説を正しいとする

統計的仮説検定の流れ

帰無仮説と対立仮説を立てる

帰無仮説を正しいと仮定する

帰無仮説を正しいと仮定し論理展開したら
矛盾が見つかる

矛盾が見つかったため
帰無仮説は正しくないと判断する

帰無仮説が正しくないので
対立仮説を正しいとする

　これは数学では「背理法」と呼ばれるもので、「最初に仮説を立て、その仮説が正しいとしたもとで論理展開し、矛盾が起こった場合に仮説が間違っているとする」と言うものです。

　例えば、「あなたは軟体動物のタコである。レントゲンを撮ったら背骨があった。タコには背骨はないので矛盾している。したがって、あなたはタコではない。」といった感じです。「あなたが軟体動物のタコである」という仮説が間違っていることを述べたいがために、「あなたが軟体動物のタコである」という仮説を立て論理展開しています。

ややこしいですが、統計的仮説検定は、この背理法の考え方を利用し構築されています。

　しかし、数学の世界の一般的な背理法と統計的仮説検定には、ある決定的な違いがあります。

　通常の背理法が前提としている矛盾は、「明確な矛盾」です。しかし、統計的仮説検定が前提にしている矛盾は、明確なものではなく「稀なことが起こったから矛盾していそう」という感じの、厳密性のやや欠けたものです。

　ここである問題が起こります。「どの程度稀なこと」が起こったときに、「稀なことが起こった」とするのかという「基準の問題」です。慣習的には、「1％基準（高度に有意）」「5％基準（有意）」「10％基準（やや有意）」の3つの基準がよく用いられます。

　この 3 つの中で最もよく利用されているのが「5％基準（有意）」です。「5％基準（有意）」を用いた場合、「5％の確率でしか起こらないぐらい稀なことが起こったから矛盾していそう」と考えます。

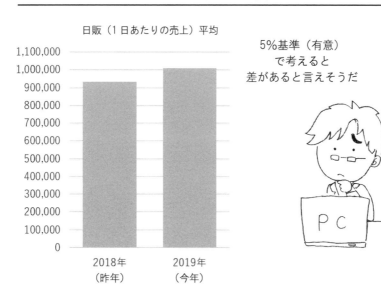

統計的検定を使い差を検討する

日販（1日あたりの売上）平均

5%基準（有意）
で考えると
差があると言えそうだ

　ちなみに、「1%基準（高度に有意）」「5%基準（有意）」「10%基準（や
や有意）」の 3 つの基準の中で、「1%基準（高度に有意）」が最も基準の
ハードルが高く、「10%基準（やや有意）」が最も基準のハードルが低い
です。

　「5%基準（有意）」の場合の統計的仮説検定の流れは、次のようになり
ます。

（1）帰無仮説と対立仮説を立てる

（2）帰無仮説を正しいと仮定する

（3）帰無仮説を正しいと仮定し論理展開したら、「5%以下の確率でしか
　　 起こらないぐらい稀なこと」が起こった

（4）「5%以下の確率でしか起こらないぐらい稀なこと」が起こったため、
　　 帰無仮説は正しくないと判断する（帰無仮説を棄却するという）

（5）帰無仮説が正しくないので、対立仮説を正しいとする（対立仮説を採択するという）

統計的仮説検定の流れ（5%基準版）

帰無仮説（例：差がない）と
対立仮説（例：差がある）を立てる

帰無仮説（例：差がない）を正しいと仮定する

帰無仮説（例：差がない）を正しいと仮定し論理展開したら
「5%以下の確率でしか起こらないぐらい稀なこと」が起こった

「5%以下の確率でしか起こらないぐらい稀なこと」が起こったため
帰無仮説（例：差がない）は正しくないと判断する
（帰無仮説を棄却するという）

帰無仮説（例：差がない）が正しくないので
対立仮説（例：差がある）を正しいとする
（対立仮説を採択するという）

このような流れで、帰無仮説 H_0（例：昨年の日販＝今年の日販）を棄却し、対立仮説 H_1（例：昨年の日販≠今年の日販）の採択を目指します。

■　統計的仮説検定は「対立仮説（例：差がある）を採択するかどうか？」しか言えない

ここで注意すべきことがあります。

統計的仮説検定は、「対立仮説（例：差がある）を採択するかどうか？」しか言えないということです。帰無仮説に関しては何も言えません。

簡単に説明します。

「『5％以下の確率でしか起こらないぐらい稀なこと』が起こった」のであれば、すんなり「帰無仮説を棄却し対立仮説を採択する」となります。

一方、「『5％以下の確率でしか起こらないぐらい稀なこと』が起こらなかった」場合どうなるでしょうか。この場合、当然ながら「帰無仮説を棄却し対立仮説を採択する」とはなりません。「対立仮説を採択することができなかった」ということが言えるだけで、「帰無仮説を採択する」ことにはなりません。便宜的に「帰無仮説を採択する」ことはあっても、厳密には「帰無仮説を採択する」ことにはなりません。

このような場合、「昨年の売上と今年の売上に差がなかった」ではなく、「昨年の売上と比べ、今年の売上に差があるとは言えなかった」という表現になります。もう少し丁寧に言うと、「昨年の売上と比べ、今年の売上に差があったかもしれないが、今回のデータから差があるとは言えなかった」となります。手元にあるデータで検討した結果、差があるかどうか判断が付かなかっただけなのです。

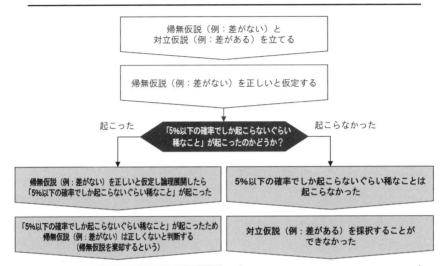

「5％以下の確率でしか起こらないぐらい稀なこと」
が起こらなかった場合には、データからは何も言えない

帰無仮説（例：差がない）と
対立仮説（例：差がある）を立てる

帰無仮説（例：差がない）を正しいと仮定する

起こった　　　　　「5％以下の確率でしか起こらないぐらい　　　　起こらなかった
稀なこと」が起こったのかどうか？

帰無仮説（例：差がない）を正しいと仮定し論理展開したら
「5％以下の確率でしか起こらないぐらい稀なこと」が起こった

5％以下の確率でしか起こらないぐらい稀なことは
起こらなかった

「5％以下の確率でしか起こらないぐらい稀なこと」が起こったため
帰無仮説（例：差がない）は正しくないと判断する
（帰無仮説を棄却するという）

対立仮説（例：差がある）を採択することが
できなかった

帰無仮説（例：差がない）が正しくないので
対立仮説（例：差がある）を正しいとする
（対立仮説を採択するという）

便宜的に「帰無仮説を採択する」ことはあっても
厳密には「帰無仮説を採択する」ことにはなりません

　このことは、統計的仮説検定が参考にしている背理法にも同様に当てはまります。

　背理法の場合、設定した仮説の矛盾を示せなければ何も証明されたことになりません。単なる証明の失敗です。証明が失敗したからといって、設定した仮説が正しいことにはなりません。設定した仮説が正しいのか間違っているのか分かりません。

■　「比較」の検討を単回帰分析だけで実施する

　統計的仮説検定の方法論は、ほぼ確立しています。数理統計学の教科書に、当たり前のように掲載されています。掲載しきれないほど、たくさんの統計的仮説検定の方法があります。どのような比較をするのかで、利用

する統計的仮説検定の方法が異なるからです。

　この本では横暴にも、回帰分析を上手く使うことで、色々な統計的仮説検定を実施していくことを考えます。そのため、何度もいっていますが、数理統計学的な厳密性から大いに逸脱することでしょう。

回帰分析を使い差の検定を実施する

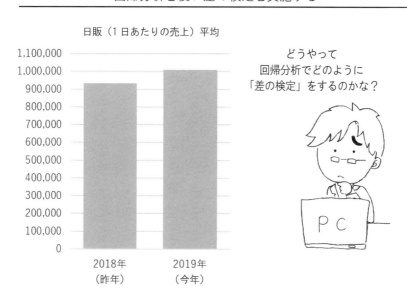

日販（1日あたりの売上）平均

どうやって
回帰分析でどのように
「差の検定」をするのかな？

　この本のなかでは、比較の検討を「回帰分析だけ」で実施していきます。数理統計学的厳密性から考えると暴挙かもしれませんが、実務的には使い勝手がいいため、数理統計学的厳密性を放棄し回帰分析を使い倒す方法を説明します。

　その前に、そもそも回帰分析とはどういうものなのか、という説明をします。超概要になりますので、雰囲気だけ掴んでいただければと思います。

■ 散布図と相関係数

2 つのデータ間の関係性を、グラフで視覚的に表現する代表的な方法が「散布図」です。

散布図例（来店数×客単価）

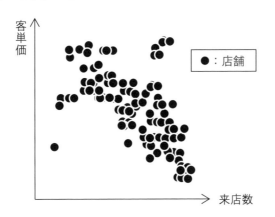

散布図は、2 つのデータの値が「定量データ」（ニューメリカルデータ）でなければなりません。定量データとは、売上や受注件数、気温、値引率などの量として表現されたデータです。

一方、「定性データ」（カテゴリカルデータ）というものもあります。定性データとは、受注の有無（1：受注、0：失注）や性別（1：男性、2：女性、など）、業種（1：製造業、2：小売業、など）、顧客ランク（1：トライアル、2：レギュラー、3：ロイヤル）などの質的なものを数字化したデータです。「質的なものを数字化する」とは、例えば「男性を 1」「女性を 2」という感じに、数字を割り振るということです。そのため「男性を 2」「女性を 1」と割り振っても問題ありません。

散布図を描くとき、併せて相関係数などの統計学的な指標を計算します。

相関係数は−1 から＋1 の間の数値をとり、＋1 に近いほど「正の相関関係がある」（一方が増加すると他方も増加する傾向にある場合）といい、−1 に近いほど「負の相関関係がある」（一方が増加すると他方が減少する傾向にある場合）といいます。0 は無相関（正の相関関係も負の相関関係もない）であるといいます。

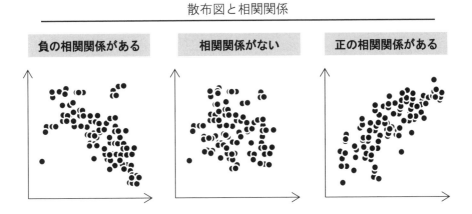

散布図と相関関係

相関係数も Excel などで簡単に計算できます。Excel にはあらかじめ相関係数を計算するための関数が用意されています。

■　散布図と単回帰、そして重回帰

散布図を眺めていると、データの傾向を示す直線が引けそうな分布になることがあります。相関係数と似たような概念に、単回帰分析があります。

単回帰分析を実施することで、2 つのデータの関係性を数式で表現することができます。これを回帰式と呼びます。

この数式を使い、散布図にデータの傾向を示す直線を描くことができます。ちなみに、Excel の散布図にはこの直線（回帰式）を描く機能が既にあります。

散布図と回帰式

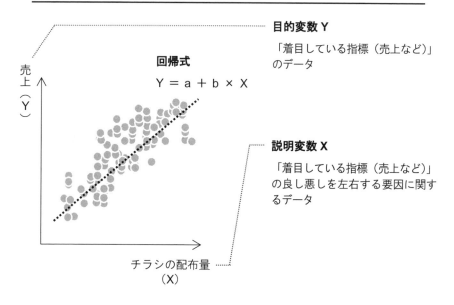

目的変数 Y

「着目している指標（売上など）」
のデータ

回帰式

$$Y = a + b \times X$$

説明変数 X

「着目している指標（売上など）」
の良し悪しを左右する要因に関す
るデータ

売上（Y）

チラシの配布量
（X）

　単回帰分析で求めた「単回帰係数（図の回帰式の b）」と「相関係数」
は、一方から他方を計算することができます。

　そのため、相関係数を使った分析と、単回帰分析はほぼ同じ分析をして
いるといえるかもしれません。違いは、単回帰分析の場合、一方のデータ
を「目的変数 Y」とし、他方のデータを「説明変数 X」としていることに
あります。

　要因分析で考えると、「着目している指標（売上など）」のデータを「目
的変数 Y」とし、この「着目している指標（売上など）」の良し悪しを左
右する要因に関するデータを「説明変数 X」になります。

　回帰式で表現するメリットは大きく、要因分析で使えるだけでなく、将
来予測でも使えます。「説明変数 X」の値を変化させたとき、「目的変数
Y」の値がどうなるのか予測できるからです。

　ちなみに、説明変数 X が 1 つのとき単回帰、2 つ以上のとき重回帰と呼ばれます。ここでは、単回帰と重回帰を区別しないとき「線形回帰モデル」と表現します。

単回帰と重回帰

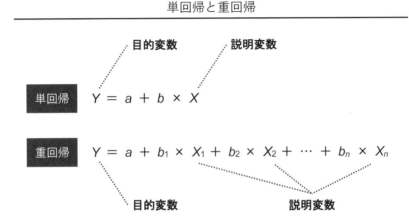

　また、「○○回帰モデル」と呼ばれるものは、他にもあります。後ほど登場しますが、ポアソン回帰やロジスティック回帰です。基本的に目的変数 Y と説明変数 X によって構成されます。

　ここで 1 つ注意事項があります。

　相関関係や単回帰分析は、あくまでもデータ上の関係（厳密には線形的な関係）で、このような関係性が本当にあるのかは分かりませんし、そもそも因果関係ではありません。

　そのため、現場に詳しい人などと一緒に、散布図や相関係数などを眺めながら、どのようなことが言えそうなのかを議論する必要がでてきます。議論の結果、現実に起こっている現象がデータに現れたものなのか、因果関係と言っても差し支えないものなのかが、見えてきます。もし、現実世界を反映したものなのであれば、その現実世界の一部をデータで表現できたことになります。

2

実務では
「回帰分析」を使い
倒すだけで十分

2. 実務では「回帰分析」を使い倒すだけで十分

2-1. 単回帰分析を使って統計的仮説検定をする例

　ここでは、次の例に対し単回帰分析だけで統計的仮説検定を実施する方法を簡単に説明します。

- 昨年の売上と比べ、今年の売上はどうだろうか？
- 今日の売上は、通常の売上と比べ悪いと言えるのだろうか？
- 先月のキャンペーンの影響はどうだろうか？
- 売上に効いている要因として、何が考えられるだろうか？
- 先日の土・日の売上が落ちた要因は、何であろうか？

■　昨年の売上と比べ、今年の売上はどうだろうか？

　最初にまず「昨年の売上と比べ、今年の売上はどうだろうか？」を検討してみましょう。1つ目の例なので、他の例よりも丁寧に説明します。

　「昨年の日販の平均」を「a 円」、「昨年と今年の日販の平均の差」を「b 円」とすると、「今年の日販の平均」は「a＋b 円」となります。このことを数式で表現すると次のようになります。

数式で表現する

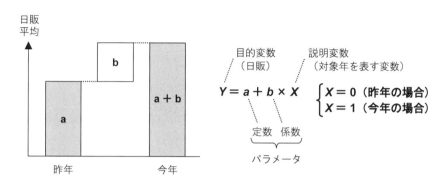

　回帰分析を活用する場合、このような「数式表現」が必要になります。数式表現さえできれば、後は単回帰分析を統計ソフトなどで実施するだけです。回帰分析を統計ソフトで実施すると、この数式のパラメータ（定数と係数）が出力されます。この数式のパラメータ（定数と係数）を使い、統計的仮説検定を実施します。

回帰分析を統計ソフト（Excel など）で実施し統計的仮説検定をする

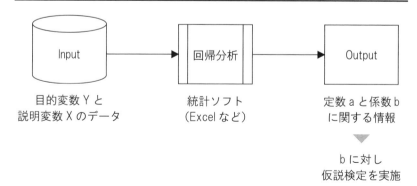

伝統的に、数理統計学の世界ではこのようなパラメータ（定数と係数）を求めることを「推定」すると言い、最近流行りの機械学習の世界では「学習」すると言います。この本では、「学習」という表現を使います。

　パラメータ（定数と係数）の中で注目すべきは「係数 b」です。「係数 b が 0 でないのかどうか？」を統計的仮説検定します。

- 帰無仮説 H_0：係数 b＝0
- 対立仮説 H_1：係数 b≠0

　ここで、「対立仮説 H_1（係数 b≠0）」が採択された場合、「売上に統計的有意な差がある」と言います。

　単回帰分析を利用した統計的仮説検定の流れは、次にようになります。

(1)　「帰無仮説」と「対立仮説」を立てる
(2)　単回帰分析用の「数式」を作る
(3)　その数式に対応した「帰無仮説」と「対立仮説」に表現し直す
(4)　その数式に対応した「データセット」を準備する
(5)　統計ソフト（Excel など）で「単回帰分析」を実施する
(6)　その出力結果から「対立仮説が採択されるかどうか」を判断する

単回帰分析を利用した統計的仮説検定の流れ

帰無仮説（例：差がない）と
対立仮説（例：差がある）を立てる

単回帰分析用の「数式」を作る

その数式に対応した
「帰無仮説」と「対立仮説」に表現し直す

その数式に対応した
「データセット」を準備する

統計ソフト（Excel など）で
「単回帰分析」を実施する

その出力結果から
「対立仮説が採択されるかどうか」を判断する

　これから説明する他の例も、基本的な流れは同じです。そのため、他の例については、(2)の「数式表現」と(3)の「帰無仮説と対立仮説」を中心に説明します。

　ちなみに、単回帰分析は Excel だけでも実施できます。Excel を使った単回帰分析の方法と、出力結果の見方は後ほど説明します。

■ 今日の売上は、通常の売上と比べ悪いと言えるのだろうか？

次に説明する例は、「今日の売上は、通常の売上と比べ悪いと言えるのだろうか？」です。

「昨日までの日販の平均」を「a 円」、「昨日までの日販の平均と今日の日販の差」を「b 円」とすると、「今日の日販」は「a−b 円」となります。このことを数式で表現すると次のようになります。

数式で表現する

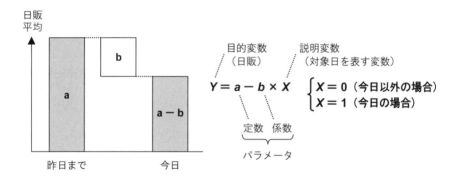

このとき、帰無仮説と対立仮説は次にようになります。

● 帰無仮説 H_0：係数 b＝0
● 対立仮説 H_1：係数 b≠0

ここで、「対立仮説 H_1（係数 b≠0）」が採択された場合、「売上に統計的有意な差がある」といいます。

先ほど説明した例と、何となく似たような感じになっています。

■　先月のキャンペーンの影響はどうだろうか？

　では、次に説明する例は「先月のキャンペーンの影響はどうだろうか？」です。

　「キャンペーンを実施していなかった昨年と一昨年の 1 月の日販の平均」を「a 円」、「キャンペーンを実施した先月の 1 月の日販の平均との差」を「b 円」とすると、「先月の日販」は「a＋b 円」となります。このことを数式で表現すると次のようになります。

数式で表現する

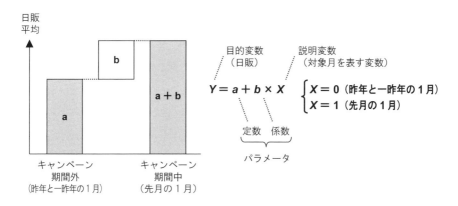

　このとき、帰無仮説と対立仮説は次にようになります。

● 帰無仮説 H_0：係数 b＝0
● 対立仮説 H_1：係数 b≠0

　ここで、「対立仮説 H_1（係数 b≠0）」が採択された場合、「売上に統計的有意に差がある（キャンペーン効果は統計的有意）」といいます。ただ、b が正の値でなければキャンペーンは成功だったとはいえません。

目的は異なりますが、似たような「数式表現」と「帰無仮説と対立仮説」でした。このように、目的が異なっても、似たような感じでデータ分析を進めていくことはよくあります。

■　先日の土・日の売上が落ちた要因は、何であろうか？

　次に説明する例は、「先日の土・日の売上が落ちた要因は、何であろうか？」です。

　この例は、統計的仮説検定で2種類の比較を実施していきます。

● 売上の比較に関する統計的仮説検定
● 要因の比較に関する統計的仮説検定

　まずは、売上の比較に関する統計的仮説検定です。

　例えば、「先日の土・日の売上は、それまでの休日の売上と比べどうであろうか？」といったものです。ここで言う休日とは、このお店の休日ではなく、世間一般的なカレンダー上の休日（土・日や祝日など）のことです。その日に、お店が開いていることを前提にしています。

　それまでの休日の日販の平均を「a 円」、先日の土・日の日販の平均とそれまでの休日の日販の平均の差を「b 円」とすると、先日の土・日の日販の平均は「a−b 円」となります。このことを数式で表現すると次のようになります。

売上の比較に関する統計的仮説検定のための数式表現

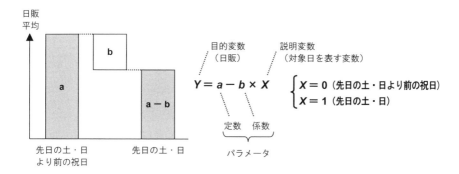

このとき、帰無仮説と対立仮説は次にようになります。

● 帰無仮説 H_0：係数 $b = 0$

● 対立仮説 H_1：係数 $b \neq 0$

ここからは、「対立仮説 H_1（係数 $\neq 0$）」が採択されたとして、「先日の土・日の売上は、それまでの休日の売上と異なる」前提で話を進めます。

次に、要因の比較に関する統計的仮説検定です。

ここでは、「先日の土・日の売上が落ちた日と共に、データの値が変化した要因はないだろうか？」を考えます。例えば、降水量の値が有意に大きい（土砂降りだった）とか、通常の休日よりチラシの配布枚数が有意に少ないとかです。

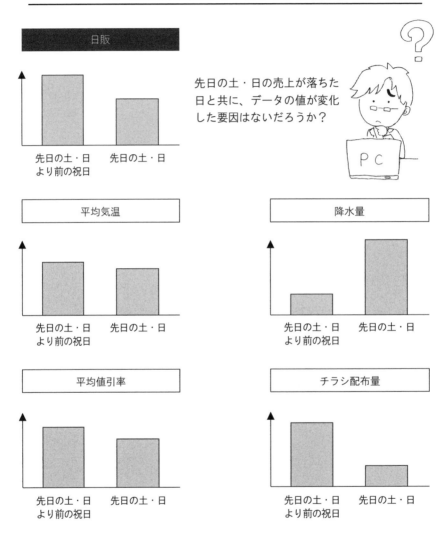

日販

先日の土・日の売上が落ちた
日と共に、データの値が変化
した要因はないだろうか?

PC

平均気温

先日の土・日
より前の祝日　　先日の土・日

降水量

先日の土・日
より前の祝日　　先日の土・日

平均値引率

先日の土・日
より前の祝日　　先日の土・日

チラシ配布量

先日の土・日
より前の祝日　　先日の土・日

そのために、要因ごとに統計的仮説検定を実施します。

今、売上に影響を与える要因のデータとして、「平均気温」「降水量」

「平均値引率」「チラシ配布量（新聞に折り込み配布したチラシの枚数）」
があったとします。

　ここで、これらの要因ごとに先日の土・日とそれまでの休日を、統計的
仮説検定を使い検討していきます。

要因の比較に関する統計的仮説検定のための数式表現

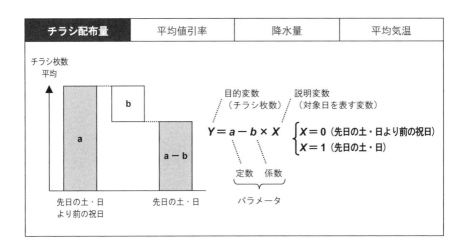

　この中で、売上の変化と連動し変化した要因が、売上悪化要因の候補と
して考えられます。少なくとも、変化していない要因は対象外になること
でしょう。

　数理統計学に詳しい人によっては、片側検定でなくてもいいのかとか、
多重比較の概念を導入しなくていいのかなど、色々と気になるかもしれま
せん。厳密性は放棄していますので、乱暴ではありますが、このような概
念は放念して話を進めます。

　注意が必要なのは、売上悪化要因は、データの取得できている要因以外
にも考えられるということです。さらに、データで取得できている要因で

も、コントロールできる要因とそうでない要因があります。

色々な要因

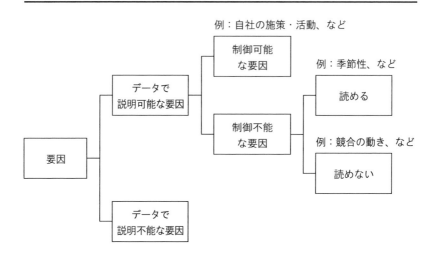

　ここまでの話は、近視眼的な「先日の土・日」の変化のみを対象にしていました。

　例えば、「先日の土・日に、チラシ配布量が大幅に減り日販も下がった」という現象が言えたとします。

　この現象が、「先日の土・日だけの現象」であった場合、あなたはどう感じるでしょうか。一度も同様の現象が過去に起こっていない場合です。

　一方、「チラシ配布量と日販が常に連動している」という現象が過去のデータから言えている場合はどうでしょうか。何度も同様の現象が過去に起こっている場合です。

　チラシ配布量が日販を減らした要因であると考えるとき、「チラシ配布量と日販が常に連動している」という現象が過去のデータから常に言えている場合の方が、信憑性が増している気がするのではないでしょうか。なぜならば、過去起こったことで説明が付くことが、先日の土・日に再現さ

れたと感じるからです。

　過去のデータを使い「チラシ配布量と日販が連動している」という現象を検討していくのが、「構造把握」というデータ分析になります。

　先ほど説明した要因分析の流れを使い、話を整理します。

　要因分析の流れとして、「構造把握→要因特定→対策立案」という説明をしました。今説明した例のデータ分析は、「要因特定」になります。

　スピード感をもってデータ分析・活用をするなら、事前に「構造把握」をした方がいいでしょう。構造はそうそう変化しないため、あらかじめ「構造把握」のためのデータ分析を実施しておき、「着目している指標（売上など）」の異常を検知した後に「要因特定」のデータ分析から実施しても、多くの場合、問題ありません。都度「構造把握」のためのデータ分析を都度実施するのに比べ、スピード感を持ったデータ分析・活用が実現されます。

　では、「構造把握」のためのデータ分析を、どのように実施すればいいのでしょうか。

　構造把握の進め方や、そのやり方、そして分析手法はたくさんあります。簡単な方法だけで実施していく方法を紹介します。

■　売上に効いている要因として、何が考えられるだろうか？

　「売上に効いている要因として、何が考えられるだろうか？」の例を使い説明します。これは、「構造把握」の例です。先ほど説明しましたが、アウトプットは、「グラフィカルモデル」（もしくは、パス解析の結果）です。

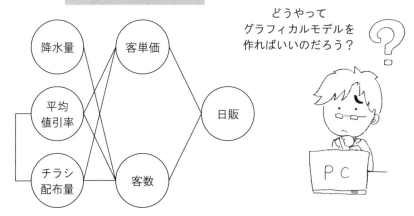

構造把握のためにデータを使いグラフィカルモデルを作る

グラフィカルモデル

降水量　客単価　どうやって
グラフィカルモデルを
平均　日販　作ればいいのだろう？
値引率
チラシ　客数　ＰＣ
配布量

　この本で紹介する方法は、単回帰分析をたくさん実施する非常に簡単な方法です。たくさん実施した単回帰分析の結果を繋ぎ合わせて、グラフィカルモデルを作っていきます。このようなやり方を、パス解析とも言います。

　グラフィカルモデルそのものは、目的変数 Y と説明変数 X の関係性だけでなく、説明変数 X 間の関係性も分析し描きます。例えば、「値引率」と「チラシ配布量」の間の相関は大きいため、「値引率」と「チラシ配布量」の間の線を引くという感じです。どの変数間に線を引くのか、という検討を進める必要があります。最近は、グラフィカル Lasso という手法を使い、グラフィカルモデルのプロトタイプを描き検討することも多くなっています。Lasso 系（スパースモデリング系）の研究論文が最近増えています。興味のある方は、読んで遊んで試してみてください。面白いです。

　このように、グラフィカルモデルやパス解析はもっと奥の深いものですが、簡易的には単回帰分析や相関係数を使ったものになります。今回は、単回帰分析だけを使います。

64

単回帰分析の結果だけで簡易的にグラフィカルモデルを作る

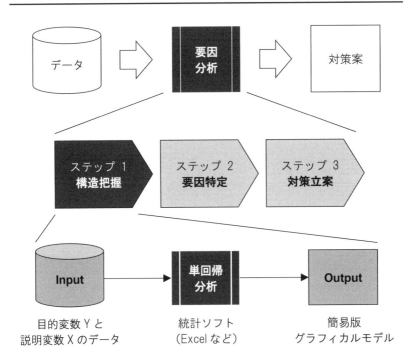

　今、売上に影響を与える要因のデータとして、「平均気温」「降水量」
「平均値引率」「チラシ配布量」があったとします。

　これらから、次のようなフィッシュボーンチャートを作ったとします。

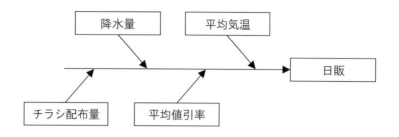

フィッシュボーンチャート（魚の骨図）

　目的変数 Y が「日販」で、説明変数 X が「気温」「降水量」「値引率」「チラシ配布量」です。今回は、休日のみのデータを使います。

　目的変数 Y が「日販」と説明変数 X が「気温」「降水量」「値引率」「チラシ配布量」で、次のような対の組み合わせを作ります。

● 「日販」と「気温」
● 「日販」と「降水量」
● 「日販」と「値引率」
● 「日販」と「チラシ配布量」

　この対の組み合わせごとに、単回帰分析を実施していきます。

　例えば、「日販」と「降水量」の対の組み合わせに対し、次にように数式で表現した単回帰分析を実施します。

日販と降水量の関係を数式表現し統計的仮説検定をする

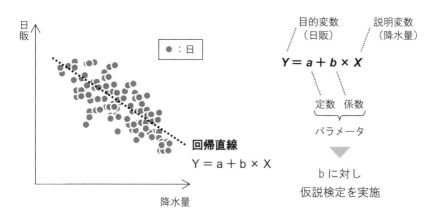

このとき、帰無仮説と対立仮説は次にようになります。

● 帰無仮説 H_0：係数 $b = 0$
● 対立仮説 H_1：係数 $b \neq 0$

ここで、「対立仮説 H_1（係数 $b \neq 0$）」が採択された場合、「降水量が統計的有意に売上に影響を与えている」と言います。もし、係数がマイナスであれば、「降水量は売上を下げる要因である」と言えますし、係数がプラスであれば、「降水量は売上を上げる要因である」と言えます。

しかし、厳密には「下げる」とか「上げる」とかとは強く言えず、「下げているかもしれない」とか「上げているかもしれない」とかしか言えません。

これは、データの限界です。データだけでは因果関係は分かりません。「因果関係があるかもしれない」という因果関係候補が分かるぐらいです。しかも、データとして取得されていない要因に関しては、因果関係候補としても上がってきません。

要は、データ分析の結果をどう読み取り解釈するのかは、「人」次第だ

ということです。「現場を精通している人」と「現場を知らない人」では
データ分析結果の解釈は異なります。「勘の鈍い人」と「勘の鋭い人」で
もデータ分析結果の解釈は異なるかもしれません。同じ人でも「心の乱れ
ている状態」と「心が冷静な状態」でもデータ分析結果の解釈は異なるか
もしれません。

　つまり、データから導き出されたものを妄信するのは危ういのです。少
なくとも現場感のある人と一緒になって、解釈していきましょう。

　実は、データ分析結果は、現場感のある人が見れば一目瞭然というか、
「当たり前のことがデータから垣間見れた」というケースが多いです。

　その昔、「ビールとおむつ」の例がデータマイニングの事例としてもて
はやされました。「ビールとおむつが一緒に購買されるということが、デー
タから発見された」というのです。「人の気が付かなかったことが、デー
タから新発見された」というのです。

よく聞くデータマイニング事例「ビールとおむつが一緒に購買されたという発見」

　この「ビールとおむつが一緒に購買される」という現象が本当のことであった場合、毎日のように現場のレジで仕事をしている人にとって、「ビールとおむつが一緒に購買される」という事実は、新発見でしょうか。

　現場のレジで仕事をしている人にとって、このことは当然の事実として知っていたことでしょう。なぜならば、「ビールとおむつを一緒に購買している」ところを何度も目の前で見ているからです。つまり、新発見でもなんでもなく、当然のことだったと思います。

　では、誰にとっての新発見だったのでしょうか。おそらく、「ビールとおむつを一緒に購買している」ところを見ていない、現場感の無い人だったかと思います。

現場のレジで仕事をしている人にとって当たり前のことかもしれない

　であれば、現場にヒアリングすれば済むのかとなりますが、そうでもありません。現場の人がすべての事象を記憶しているわけではないからです。データから導きだされた結果を見ることで、思い出すことがあります。「そう！　そう！　確かにそうだった」と、思い出すのです。

要は、データから導き出されたことは、現場感のある人から見ると、思い当たること多く、適切な解釈を与えてくれることが多いのです。

　先ほどの例に戻ります。

　対の組み合わせすべてに対し単回帰分析を実施し、統計的に有意な箇所だけ線を引きます。

統計的に有意な箇所に線を引きグラフィカルモデルを作る

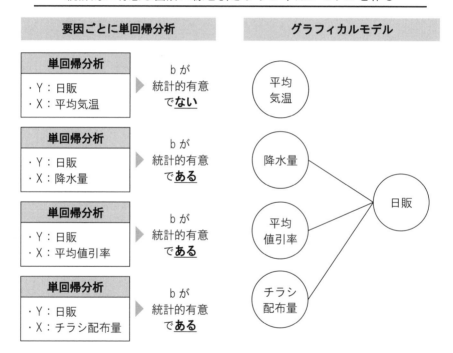

　これで、グラフィカルモデルは完成です。

　味気ないので、もう少し「売上に効いている要因として、何が考えられるだろうか？」の例を使い説明を続けます。

　今、「客数」と「客単価」のデータがあったとします。「日販＝客数×客単価」という明確な関係があります。このような場合どうなるでしょうか。売上と共に、「客数」と「客単価」も目的変数 Y になりそうです。フィッシュボーンチャートで描くと、次にようになります。

フィッシュボーンチャート（魚の骨図）

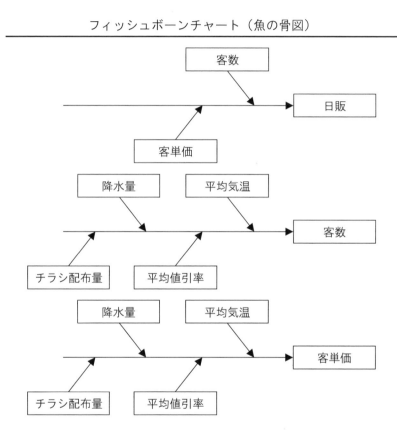

　「日販＝客数×客単価」は四則演算（＋－×÷）で明確に表現されるので、「日販」と「客数」、「日販」と「客単価」の対の組み合わせを作り単回帰分析はしません。各要因と「客数」と「客単価」の間で対の組み合わせを作り単回帰分析していくことになります。

この例ですと、次のような対の組み合わせを作ります。

- 「客数」と「平均気温」
- 「客数」と「降水量」
- 「客数」と「平均値引率」
- 「客数」と「チラシ配布量」
- 「客単価」と「平均気温」
- 「客単価」と「降水量」
- 「客単価」と「平均値引率」
- 「客単価」と「チラシ配布量」

この対の組み合わせごとに、単回帰分析を実施していきます。

例えば、「客数」と「降水量」の対の組み合わせに対し、次にように数式で表現した単回帰分析を実施します。

客数と降水量の関係を数式表現し統計的仮説検定をする

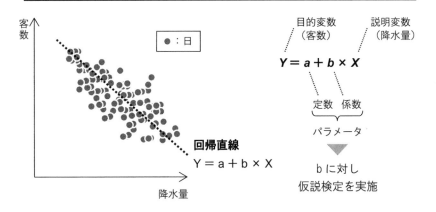

このとき、帰無仮説と対立仮説は次にようになります。

- 帰無仮説 H_0：係数 b＝0
- 対立仮説 H_1：係数 b≠0

ここで、「対立仮説 H_1（係数 b≠0）」が採択された場合、「降水量が統計的有意に客数に影響を与えている」と言います。この場合も、単にデータから見えてきた傾向に過ぎません。再度言いますが、データからは因果関係は分かりません。「因果関係があるかもしれない」という因果関係候補が分かるぐらいです。

　このようにすべての対の組み合わせに対し単回帰分析を実施し、統計的に有意な箇所だけ線を引きます。

統計的に有意な箇所に線を引きグラフィカルモデルを作る

客数に対する要因ごとに単回帰分析

単回帰分析
- Y：客数
- X：平均気温

▶ b が統計的有意で**ない**

単回帰分析
- Y：客数
- X：降水量

▶ b が統計的有意で**ある**

単回帰分析
- Y：客数
- X：平均値引率

▶ b が統計的有意で**ある**

単回帰分析
- Y：客数
- X：チラシ配布量

▶ b が統計的有意で**ある**

客単価に対する要因ごとに単回帰分析

単回帰分析
- Y：客単価
- X：平均気温

▶ b が統計的有意で**ない**

単回帰分析
- Y：客単価
- X：降水量

▶ b が統計的有意で**ない**

単回帰分析
- Y：客日販
- X：平均値引率

▶ b が統計的有意で**ある**

単回帰分析
- Y：客単価
- X：チラシ配布量

▶ b が統計的有意で**ある**

グラフィカルモデル

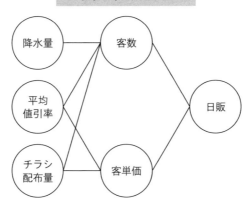

これで、グラフィカルモデルは完成です。

再度言いますが、この線はデータから統計学的に導き出したものであって、本当のところは分かりません。

要因分析では、このグラフィカルモデルを使い、最初から要因候補を絞った状態で、進めていきます。

グラフィカルモデルを使い要因候補を絞る

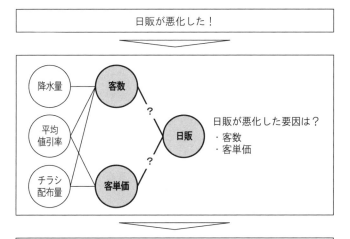

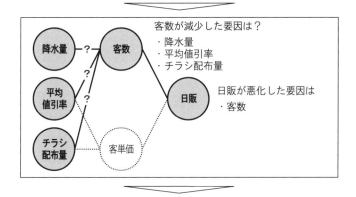

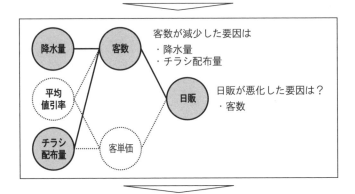

要因分析の「構造把握」の結果は、「着目している指標（売上など）」の異常を検知した後に、その要因をデータから探るデータ分析だけに使うわけではありません。他の用途にも使います。

よく使うのが「将来予測」のためのモデル構築です。しかし、将来予測で使うモデル式は説明変数 X が複数の場合が多いため、ここまで何度も登場してきた単回帰式にはなりません。先ほども説明しましたが、説明変数 X が複数の回帰分析を、重回帰分析と呼び、そのときの数式を重回帰式と呼びます。

2-2. 回帰分析を使って未来を予測し比較検討する例

　ここでは、回帰分析の結果を使い未来を予測するための回帰式（予測モデル）を構築し、比較検討する方法について、次の例を使い簡単に説明します。

- 何の対策も打たないままほったらかしにすると、来月どうなりそうか？
- A案とB案、どちらがいいだろうか？

■　何の対策も打たないままほったらかしにすると、来月どうなりそうか？

　まずは、「何の対策も打たないままほったらかしにすると、来月どうなりそうか？」です。

　要因分析が終わっている場合、フィッシュボーンチャート、もしくはグラフィカルモデルなどのようなものが、手元にあるはずです。このフィッシュボーンチャートを元に構築した回帰式が、そのまま将来予測に使えます。

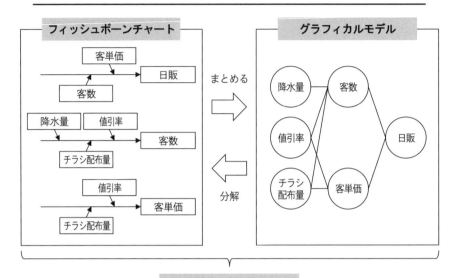

フィッシュボーンチャートをもとに構築した回帰式を将来予測に利用

このような予測のための回帰式（予測モデル）を構築する回帰分析の手法は、色々あります。その中で最も単純でかつ使われているのが、単回帰や重回帰と呼ばれる線形回帰です。回帰分析には種類が多く、受注確率や離脱確率など導き出すロジスティック回帰や、説明変数同士の相関が高い場合によく使う部分最小二乗回帰 PLS、データの数よりも説明変数の数が多い場合でも使える Ridge 回帰など、種類は豊富です。適切な回帰分析を選択する必要があります。このあたりに関しては別途説明します。

　フィッシュボーンチャートを元に構築した予測のための回帰式（予測モデル）を使い、後は将来予測を実施していきます。説明変数 X に入るデータは、計画値になります。

説明変数 X をインプットし目的変数 Y を予測する

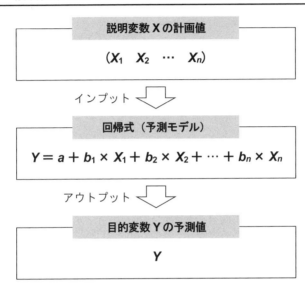

　ここで検討しているのは「何の対策も打たないままほったらかしにすると、来月どうなりそうか？」ですから、過去の傾向（目的変数 Y と説明変数 X の関係性）が未来にも維持されるという前提で「予測する」ということになります。

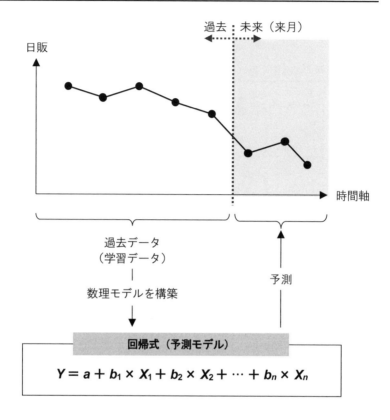

過去データで数理モデルを構築し将来を予測する

日販

過去 ┊ 未来（来月）

時間軸

過去データ
（学習データ）
—
数理モデルを構築

予測

回帰式（予測モデル）

$$Y = a + b_1 \times X_1 + b_2 \times X_2 + \cdots + b_n \times X_n$$

　このとき、目的変数 Y のトレンドや周期性、カレンダー情報などを説明変数 X に取り込んだ予測式（数理モデル）を構築していきます。

考慮すべき説明変数 X はたくさんある

　このように、将来予測で利用する説明変数 X は複数になるのが普通です。そのため、説明変数 X が 1 つの単回帰分析は使えません。説明変数が複数あることを前提にした重回帰分析の出番になります。

　重回帰分析などを実施し予測モデルを手に入れたとしても、そこで終わりではありません。さらに、構築した予測式の確からしさを、評価する必要もあります。

　確からしさを評価する方法や考え方は色々ありますが、少なくとも以下の 2 点は抑えておきましょう。

● 解釈性
● 予測精度

　「解釈性」とは、人が理解できる程度のことです。なぜそうなったのかを知ることは、当然の欲求だと思います。しかし、実際の現象と相反する解釈の困難な予測モデルになっていることがあります。多くの場合、予測モデルそのものの作り方が原因のケースが多いです。

　分かりやすいところでは、予測モデルの係数のプラス・マイナスの符号、係数の大きさ、などが現場感と大きく乖離していないか、という確認です。

通常は、現場感のある人を交えて議論します。現場を知らない人だけで実施することのないよう、注意しましょう。

　例えば、新聞の折り込みチラシの枚数を増やせば、来店客が増え売上が上がっているのに、「回帰式の係数がマイナス（チラシを増やすと売上が落ちる）になっている」などです。

　このような現場感と乖離したケースは起こり得ます。多くの場合、「新たな何かが発見された！」というよりも、現場の知見を予測モデルに反映していないために起こるケースがほとんどです。要は、現場との対話や現場理解、要因分析が甘いのです。注意しましょう。

　「予測精度」とは、「予測モデルから求めた予測値と実測値の近さ」です。通常はデータを分割し精度評価します。

　ここで紹介するのは、次の3つです。

● ホールドアウト法
● クロスバリデーション法
● 時間軸を考慮したホールドアウト法

　最も簡単なのが、ホールドアウト法です。

　データセット（目的変数 Y と説明変数 X のデータ）をランダムに2つ以上に分割します。最もシンプルなのが2分割です。予測モデルを作る「学習データ」（Train Data）と、予測モデルを評価する「テストデータ」（Test Data）へ2分割します。

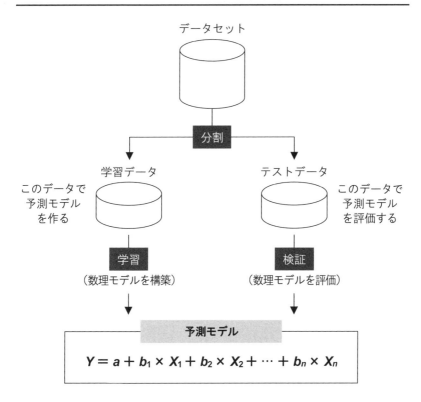

ホールドアウト法（2分割版）

なぜデータセットを2つに分けるのでしょうか。

それは、構築した予測モデルが予測するデータは、未知の目的変数 Y だからです。学習データで構築した予測モデルで、学習データの目的変数 Y の値を予測し精度評価した場合、既知の目的変数 Y の予測精度を評価しただけで、未知の目的変数 Y の予測精度を評価したことにはなりません。そのため、構築した予測モデルを未知のデータを使い評価する必要がでてきます。

小難しく言うと「数理モデルの汎化性能（未知のデータに対する性能）の検証」と言います。

例えば、高校受験向けの問題集や過去の入試問題で満点取れるようになっても、本番の入試で満点取れるわけではありません。問題集や過去の入試問題を完璧にしても、その受験生の汎化性能（未知の問題への対応能力）が低い場合、本番の入試で失敗する可能性があります。この場合、問題集や過去の入試問題が「学習データ」に相当します。では何が「テストデータ」に相当するでしょうか。おそらく模擬テストでしょう。つまり、問題集や過去の入試問題を解くことで学習し、その受験生の汎化性能（未知の問題への対応能力）を模擬テストで確認する、という感じになります。予測モデル構築も同様です。

受験に向けた汎化性能（未知の問題への対応能力）
を確かめるために模擬テストを受ける

| 問題集や過去の入試問題を解くことで学習 | 受験生の汎化性能（未知の問題への対応能力）を模擬テストで確認する | そして汎化性能（未知の問題への対応能力）が高まった状態で受験に挑む |

　次に、クロスバリデーション法について説明します。
　これは、データを複数に分割し、学習データによる予測式の構築とテストデータによる精度評価を複数回実施する方法です。ホールドアウト法の場合は1回ですが、それを複数回実施したようなイメージです。
　例えば、データセットをランダムに10個に分けます。

この場合、10 組の学習データとテストデータのデータセットを作り、それぞれで予測モデルを構築し、予測精度の評価をし、最終的にその評価結果を取りまとめ精度評価結果とします。

もう少し分かりやすく説明します。

1 組目の学習データとテストデータのデータセットを使った予測モデルの構築と予測精度評価から説明します。「10 分割したデータの 1 つ」をテストデータとし、それ以外の 9 個のデータを学習データとします。この学習データで予測モデルを構築し、テストデータを使い予測精度を評価します。

1 組目の学習データとテストデータ

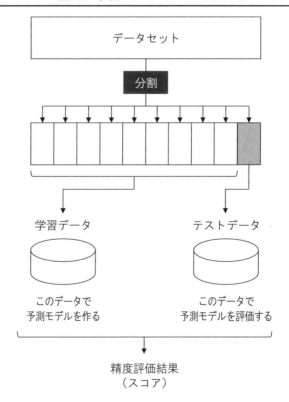

2 組目の学習データとテストデータのデータセットを使った予測モデルの構築と予測精度評価を説明します。1 組目と異なる「10 分割したデータの 1 つ」を、テストデータとします。それ以外の 9 個のデータセットを学習データとして使います。この学習データで予測モデルを構築し、テストデータを使い予測精度を評価します。

2 組目の学習データとテストデータ

3 組目の学習データとテストデータのデータセットを使った予測モデルの構築と予測精度評価です。1 組目と 2 組目と異なる「10 分割した 1 つ」を、テストデータとします。それ以外の 9 個のデータを学習データとして

使います。この学習データで予測モデルを構築し、テストデータを使い予測精度を評価します。

3組目の学習データとテストデータ

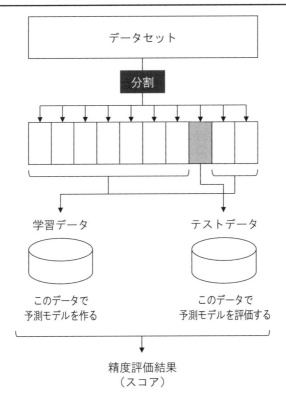

このような感じで、4組目以降も同様に学習データによる予測モデルの構築とテストデータによる精度評価を実施します。

最終的に、10個の精度評価結果が手に入ります。多くの場合、各回で測定した予測精度の平均を取り総合評価とします。もちろん、平均ではなく最大値などを求め、「最悪のケース」を総合評価とすることもあります。

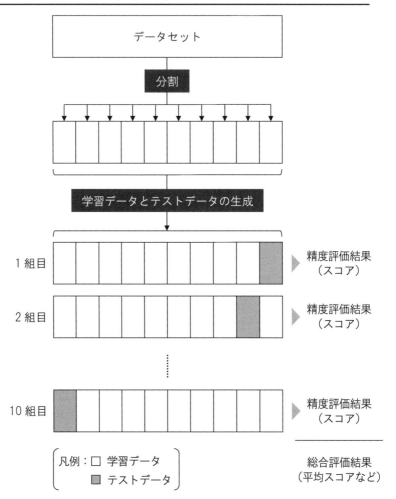

クロスバリデーション法（10分割版）

データセット

分割

学習データとテストデータの生成

1組目 　　　　　　　　　　　　　　▶ 精度評価結果
　　　　　　　　　　　　　　　　　　（スコア）

2組目 　　　　　　　　　　　　　　▶ 精度評価結果
　　　　　　　　　　　　　　　　　　（スコア）

10組目 　　　　　　　　　　　　　▶ 精度評価結果
　　　　　　　　　　　　　　　　　　（スコア）

凡例：□ 学習データ
　　　■ テストデータ

総合評価結果
（平均スコアなど）

　詳しく説明しませんが、ホールドアウト法とクロスバリデーション法を組み合わせて使用する場合もあります。

　ここまで何度も「予測精度」というワードが登場しています。予測精度

を評価する指標には色々あります。

例えば、MAPE（Mean absolute percentage error、平均絶対パーセント誤差）は、「実測値に対し予測値が何％乖離するのか」の平均を表したもので、データ分析・活用に不慣れな現場でも理解してもらいやすいです。MAPE は、実測値で割っているため、「実測値に対し予測値がどの程度乖離するのか」という「実測値視点」の評価になります。

MAPE

※ n：データの数

$$MAPE = 100 \times \frac{1}{n}\sum_{i=1}^{n}\left|\frac{実測値_i - 予測値_i}{実測値_i}\right|$$

※ MAPE：Mean absolute percentage error
平均絶対パーセント誤差

MAPE は、実測値が「0」の場合に計算不能（0 の割り算になるため）など、問題点もあります。そのため、実測値で割るのではなく、実測値の平均で割るなど、色々な対処法が考案されています。

その中で比較的使われるのが、sMAPE（Symmetric mean absolute percentage error、対称平均絶対パーセント誤差）です。

sMAPE

※ n：データの数

$$sMAPE = 100 \times \frac{1}{n}\sum_{i=1}^{n}\frac{\left|実測値_i - 予測値_i\right|}{(実測値_i + 予測値_i)/2}$$

※ sMAPE：Symmetric mean absolute percentage error
対称平均絶対パーセント誤差

これは、「実測値に対し予測値が何%乖離するのか」という「実測値視点」で評価したもの（上述した MAPE）に、「予測値に対し実測値が何%乖離するのか」という「予測値視点」で評価したものを加味したものです。

以上の 2 つは、「何%乖離するのか」というものでした。もっとダイレクトに、「実測値に対し予測値がどの程度乖離するのか」という指標もあります。

例えば、MAE（Mean Absolute Error、平均絶対誤差）です。MAPE は実測値で割っていますが、MAE は実測値では割りません。

MAE

※ n：データの数

$$MAE = \frac{1}{n}\sum_{i=1}^{n}\left|実測値_i - 予測値_i\right|$$

※ MAE：Mean Absolute Error
平均絶対誤差

他にも、精度指標には色々なものがあります。今説明したものをも含めると、次のような指標があります。興味ある方は、調べていただければと思います。

- MAPE（Mean absolute percentage error、平均絶対パーセント誤差）
- sMAPE（Symmetric mean absolute percentage error、対称平均絶対パーセント誤差）
- MAE（Mean Absolute Error、平均絶対誤差）
- MPE（Mean Percentage Error、平均パーセント誤差）
- RMSE（Root Mean Squared Error、二乗平均平方根誤差）

　正直どの指標でも構いませんし、複数の指標を使っても問題ありません。データ分析・活用の現場で理解されやすい、活用時の評価に使える、現場オペレーションから考えて妥当である、などで選んでいただければと思います。

　今説明した指標は、0−1の2値データ（1：受注、0：失注）などのカテゴリカルデータが目的変数の場合には、適しているとはいえません。0−1の2値データ（1：受注、0：失注）の場合には、混同行列（Confusion Matrix）として取りまとめ、精度評価することが多いです。

　2分割のホールドアウト法を使い、解約予測（1：解約、0：継続）の例で簡単に説明します。この例は、サービスの解約の可能性の高い顧客を事前に見つけるための予測モデルを構築することになります。通常は、ロジスティック回帰を代表とする分類器と呼ばれる数理モデルを構築し活用します。

色々な分類器がある

- 線形系
  - ・ロジスティック回帰
  - ・線形判別分析
  - ・単純ベイズ分類器
  - ・単純パーセプトロン
  - など
- 非線形系
  - ・k 近傍法
  - ・決定木
  - ・ランダムフォレスト
  - ・ブースト系（AdaBoost, Gradient Tree Boosting, XGBoost など）
  - ・ニューラルネットワーク
  - ・サポートベクターマシン
  - など

活用目的と合致さえしていれば、どの数理モデルでもいい

例えば、
- ・解釈性を求めるなら線形系
- ・予測精度を求めるなら非線形系

など

　2 分割のホールドアウト法ですので、予測式を作る「学習データ」と、予測式を評価する「テストデータ」へ 2 分割します。

　まず、学習データを使い解約予測（1：解約、0：継続）の予測モデルを構築します。この予測モデルは万能ではありません。予測が当たるケースもあれば、外れるケースもあります。次のように、4 つのケースに分類できます。

混同行列（Confusion Matrix）

		予測	
		継続	解約
実測	継続	True Negative (TN)	False Positive (FP)
	解約	False Negative (FN)	True Positive (TP)

- 表の右下：TP（True Positive）、実際の「1」（例：解約）を「1」（例：解約）と予測
- 表の右上：FP（False Positive）、実際の「0」（例：継続）を「1」（例：解約）と予測
- 表の左上：TN（True Negative）、実際の「0」（例：継続）を「0」（例：継続）と予測
- 表の左下：FN（False Negative）、実際の「1」（例：解約）を「0」（例：継続）と予測

この集計表を混同行列といいます。この集計表をもとに精度評価のための指標を計算します。

- 正答率（Accuracy）：（TP＋TN）÷（TP＋FN＋FP＋TN）
- 検出率（Recall）：TP÷（TP＋FN）
- 誤検出率（False Positive Rate）：FP÷（FP＋TN）
- 精度（Precision）：TP÷（TP＋FP）

分かりやすいのは「正答率」です。予測した解約の有無（1：解約、0：継続）が、実際の解約の有無（1：解約、0：継続）をどれだけ正確に当てたのかを表すからです。

しかし、正答率が高ければいいというわけでもありません。今回のような「解約」に焦点をあてるとき、正答率を犠牲にしてでも「解約を逃さない」ということが重要になったりします。

「解約を逃さない」という視点に立つと、「検出率」が重要な指標になります。「実際の解約をどの程度カバーしたのか」という指標です。例えば、検出率 100%の場合、「解約されたケースすべてが、解約と予測された」、ということになります。検出率 70%の場合、「解約されたケースの70%が、解約と予測された」、ということになります。

検出率

		予測	
		継続	解約
実測	継続	True Negative (TN)	False Positive (FP)
	解約	False Negative (FN)	True Positive (TP)

検出率

$$TP \div (TP + FN)$$

「解約を逃さない」という視点に立つと
「検出率」が重要な指標になる

検出率を高めると正答率は悪化することもありますし、混同行列の「精度」が悪くなることもあります。混同行列の「精度」とは、「解約と予測されたケースの中に、実際の解約がどの程度含まれるのか」という指標で

す。検出率を高めすぎると、この精度は通常悪化します。

　ちなみに、混同行列には「学習データに対する混同行列」と「テストデータに対する混同行列」があり、それぞれの混同行列から4つの評価指標が求められます。基本的には、「テストデータに対する混同行列」から求めた評価指標の方が悪い数値になります。予測精度を評価するという観点では、「テストデータに対する混同行列」から求めた評価指標の方を使います。

　今2分割のホールドアウト法の例で説明しました。もちろん、クロスバリデーション法でも問題ありません。私は、最も分割の粒度の細かいクロスバリデーション法である、ジャックナイフ法（別名：Leave One Out、一つ抜き法、など）を好んで使っています。

　例えば、データが10,000ケース（行）あるとします。10分割のクロスバリデーション法の場合、10,000ケース（行）のデータを10分割し、10組の学習データとテストデータを作り精度検証していきます。

　一方、ジャックナイフ法のクロスバリデーション法の場合、10,000ケース（行）のデータを10,000分割し、10,000組の学習データとテストデータを作り精度検証していきます。要するに、データ全体のうち1つだけをテストデータとし残りの9,999のデータを学習データとして使う方法です。

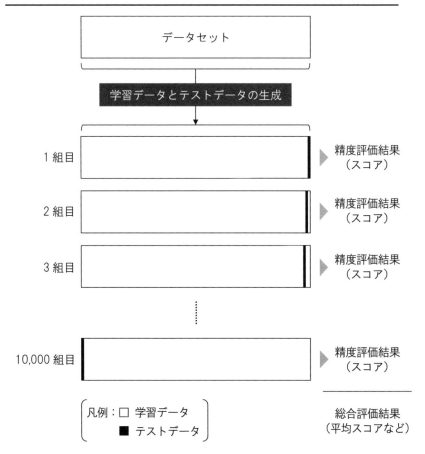

ジャックナイフ法（データの数が 10,000 ケースの場合）

データセット

学習データとテストデータの生成

1 組目　　　　　　　　　　　　　　精度評価結果
　　　　　　　　　　　　　　　　　　　（スコア）

2 組目　　　　　　　　　　　　　　精度評価結果
　　　　　　　　　　　　　　　　　　　（スコア）

3 組目　　　　　　　　　　　　　　精度評価結果
　　　　　　　　　　　　　　　　　　　（スコア）

10,000 組目　　　　　　　　　　　精度評価結果
　　　　　　　　　　　　　　　　　　　（スコア）

凡例：□ 学習データ　　　　　　　総合評価結果
　　　■ テストデータ　　　　　　（平均スコアなど）

　ジャックナイフ法は、計算時間が非常にかかりますが、外れ値なども検出され非常に便利です。ここでいう外れ値とは、他のデータと比べ異質なデータです。

　ここまで、ホールドアウト法とクロスバリデーション法について説明しました。実は、この 2 つの方法では、時間軸を考慮した予測モデルの評価をするとき問題が起きます。そして不幸にも、多くのビジネス現場のデー

タには時間軸があります。

　時間軸がある予測の場合、「過去のデータで予測式を構築し、未来の目的変数 Y を予測する」、ということを考えます。学習データはテストデータより過去のデータになります。

　例えば、ホールドアウト法の場合です。

　ホールドアウト法の場合、先ほど説明した通りデータセットをランダムに 2 つに分割し、予測モデルを作る「学習データ」（Train Data）と、予測式を評価する「テストデータ」（Test Data）の 2 つデータセットを作ります。

　「過去のデータで予測式を構築し、未来の目的変数 Y を予測する」ということを考えたとき、当然ですが「学習データ」（Train Data）は「テストデータ」（Test Data）よりも時間的に過去のデータである必要があります。しかし、単純にデータセットをランダムに 2 つに分割し、「学習データ」（Train Data）と「テストデータ」（Test Data）の 2 つデータセットを作ると、この守らなければならない時間的概念（過去と未来の関係性）が崩壊します。テストデータの中に、学習データよりも過去のデータが混じったりします。

　時間的概念（過去と未来の関係性）の崩壊を受けいれるのか、避けるのかで、精度評価の方法が異なります。時間的概念（過去と未来の関係性）の崩壊を受け入れるのであれば、今まで説明したホールドアウト法とクロスバリデーション法で十分でしょう。

　しかし、時間的概念（過去と未来の関係性）の崩壊を避けるのであれば、例えば次のように時間的概念（過去と未来の関係性）を考慮しデータセットを分割し、学習データによる予測式の構築とテストデータによる精度評価を実施します。これをここでは、「時間軸を考慮したホールドアウト法」と呼び話を進めます。

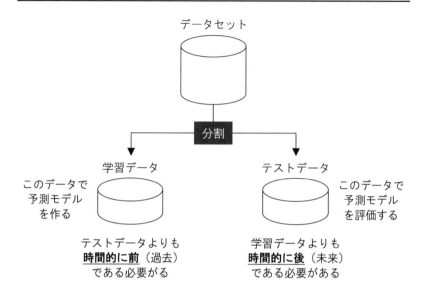

時間軸を考慮したホールドアウト法（2分割版）

データセット

分割

学習データ
このデータで
予測モデル
を作る

テストデータよりも
時間的に前（過去）
である必要がる

テストデータ
このデータで
予測モデル
を評価する

学習データよりも
時間的に後（未来）
である必要がある

さらにもう1つ注意すべき点があります。

単に過去と未来の関係性を考えるだけでなく、時間の連続性を考えるべきかどうか、という問題です。

例えば、明日（例：7/11が予測対象日）の予測をするのに、過去1カ月間（例：6/11〜7/10）のデータが必要であるとします。このとき、ランダムに選んだ過去のデータ（例：7/4、7/8、7/10、…）を使うのではなく、連続した過去1カ月間（例：6/11〜7/10）のデータを使い予測モデルを構築する必要があります。要するに、予測対象日（例：7/11）を境に学習データ（例：7/10までのデータ）とテストデータ（例：7/11）に分けて予測精度を評価する、ということです。

予測対象日を境に学習データとテストデータに分けて予測精度を評価する

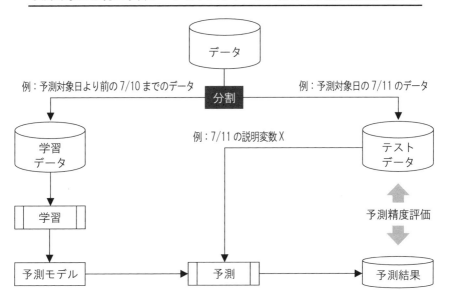

過去と未来の関係性を考えるだけでいいのか、時間の連続性も守るべき
か、など色々あります。実際は、実務運用に沿った形でデータセットの分
割を行い、予測精度の評価をしていきます。ですので、難しく考えること
なく、現場でどのように使うのかを考えれば、自ずと予測精度の評価方法
は見えてきます。

　例えば、某小売チェーンでは予測モデルの構築と日販予測を、日次で実
施をしているため、次にようにデータセットを分割し精度評価をしました。

時間の連続性を考慮したデータセット分割例

No.	予測対象日 (テストデータ)	学習期間 (学習データ)
データセット1	2019/1/1	2018/1/1～2018/12/31
データセット2	2019/1/2	2019/1/2～2019/1/1
データセット3	2019/1/3	2019/1/3～2019/1/2
データセット364	2019/3/30	2018/3/30～2019/3/29
データセット365	2019/3/31	2018/3/31～2019/3/30

⇨ 予測精度評価

■ A案とB案、どちらがいいだろうか？

　次に説明するのは、「A案とB案、どちらがいいだろうか？」という選択の事例です。A案とB案の2つだけでなく、C案、D案、E案、…と3つ以上でも構いません。

　予測モデルの作り方や、確からしさの評価方法（解釈性と予測精度の検討など）は、今説明した「何の対策も打たないままほったらかしにすると、来月どうなりそうか？」の事例と同じです。しかし、「何の対策も打たないままほったらかしにすると、来月どうなりそうか？」の場合、すでに説明変数Xが計画されているケースが多いですが、今から説明する事例の場合、「A案」「B案」などの各案に対する説明変数Xのデータをそれぞれ準備しておく必要があります。

　なぜならば、「A案とB案、どちらがいいだろうか？」を検討するとき、予測モデルに、「A案の説明変数X」と、「B案の説明変数X」をそれぞれ

予測モデルに代入し、説明変数 Y の値（例：売上など）を求める必要が
あるからです。

　通常は、さらに費用対効果を考えます。例えば A 案の場合ですと、「A
案を実施するのに追加で必要になった増分コスト」（もしくは増分ではな
く「A 案の実施コスト」そのもの）に見合った「A 案の効果」（目的変数
Y の予測値、もしくは Y の予測値の増分）が得られたのかどうかを考え
る、ということです。そのため、単に目的変数 Y の値を予測し比較する
だけでなく、ROI（Return On Investment）などで各案のコストパフォ
ーマンスを考慮し、どの案がいいのかを検討することになります。

X（説明変数）の設定案

	X₁	X₂	X₃
A案	0	10%	50,000
B案	5	3%	0
C案	10	5%	62,000
D案	30	8%	25,000
E案	25	27%	38,000

予測モデル

$$Y = a + b_1 \times X_1 + b_2 \times X_2 + b_3 \times X_3$$

Y（説明変数）の予測値

棒グラフ：売上 Y の予測値
折れ線：ROI＝（Y－コスト）÷コスト

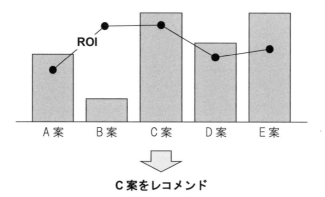

C案をレコメンド

　ここまで説明していませんでしたが、予測には「予測値」（例：日販 60 万円）と「予測区間」（例：日販は 50 万円から 70 万円の間）というものがあります。回帰分析などの数理統計学系の予測モデルの場合、「予測値」と「予測区間」の 2 つを求めることができます。使い方としては、例えば「予測区間」の下限値を最悪ケースと見立てて分析を進めたりします。上限値は最良ケースで、平均値が通常ケースになります。

　1 点注意があります。「予測区間」と似たような概念に、「信頼区間」というものがあります。数理統計学的な厳密性を放棄すると宣言しましたが、もちろん限度があります。「予測区間」と「信頼区間」は何となく似た単語に見えますが、全く別物です。注意しましょう。

2-3. 色々ある簡単で奥の深い「回帰分析」

　ここまでで紹介したように、回帰分析は非常にシンプルで、実務的には非常に使い勝手のいいものです。

　比較の検討だけであれば、単回帰分析だけで十分かもしれません。将来予測となると単回帰分析だけでは手が追えなくなります。そもそも、受注の有無（1：受注、0：失注）や離反の有無（1：離反、0：継続）のような、0−1 の 2 値のカテゴリカルデータが目的変数 Y にある場合、通常の単回帰分析でも手に負えません。

　ここでは、実務でよく使われる次の回帰分析を、簡単にご紹介します。興味のある方はご一読ください。難しく感じる方は、読み飛ばしていただければと思います。

● 線形回帰（単回帰/重回帰）とポアソン回帰、ロジスティック回帰
● 主成分回帰 PCR と部分最小二乗回帰 PLS
● Ridge 回帰と Lasso 回帰、Elastic Net 回帰

もちろん、数理的な説明を省略するだけでなく、数理統計学的な厳密性

からも逸脱した、簡易的かつイメージ重視の説明になります。

■　線形回帰（単回帰/重回帰）とポアソン回帰、ロジスティック回帰

　多くの場合、線形回帰（単回帰/重回帰）とポアソン回帰、ロジスティック回帰で十分です。線形回帰（単回帰/重回帰）に関しては、Excel で簡単に実施できます。ポアソン回帰とロジスティック回帰を Excel で実施する場合、ちょっとした工夫が必要になります。

　この 3 つの回帰分析は、扱う目的変数 Y の性質が異なります。つまり、目的変数 Y の性質に応じて、線形回帰（単回帰/重回帰）なのか、ポアソン回帰なのか、ロジスティック回帰なのかを選べばいいのです。

実務でよく利用する 3 つの回帰分析

	目的変数 Y	例
線形回帰 （単回帰・重回帰）	数値データ	・売上金額 ・客数 など
ポアソン回帰	カウントデータ （非負整数）	・受注件数 ・訪問件数 など
ロジスティック回帰	0－1 データ	・0：失注、1：受注 ・0：継続、1：解約 など

　この 3 つの回帰分析では手に負えなくなることがあります。説明変数 X 同士に強い相関関係がある場合、上手く回帰分析できないのです。

　例えば、売上予測やキャンペーン効果のデータ分析を考えたとき、説明変数 X 同士が強い相関関係をもつ場合が多いです。なぜならば、同じ時期に集中して販売促進の施策を打つからです。新聞の折り込みチラシの配布枚数と交通広告（電車の中づり広告など）の露出量、値引率などが強く

相関したりします。

　このような場合、単純な線形回帰（単回帰/重回帰）で予測式を構築すると、可笑しなことが起こります。予測モデルの係数のプラス・マイナスの符号が逆になったり、係数の値が極端に大きくなったり小さくなったりするのです。

　このような現象はマルチコ（マルチコリニアリティ、multicollinearity、多重共線性）と呼ばれる、回帰分析の古典的な問題です。説明変数 X 同士に強い相関関係がある場合によく起こります。

■　主成分回帰 PCR と部分最小二乗回帰 PLS

　マルチコの問題を解決する古典的な方法が、「PCR」（Principal Component Regression、主成分回帰）です。

　PCR（主成分回帰）では、説明変数 X を主成分分析し、新たな説明変数（主成分）を作り、この新たな説明変数（主成分）で回帰分析を実施し予測モデルを導き出します。この新たな説明変数（主成分）同士の相関は低いため、マルチコの問題を回避できます。

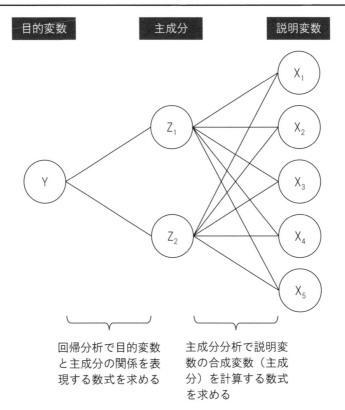

主成分回帰

目的変数　　　　　主成分　　　　　説明変数

回帰分析で目的変数　　主成分分析で説明変
と主成分の関係を表　　数の合成変数（主成
現する数式を求める　　分）を計算する数式
　　　　　　　　　　を求める

　主成分分析は、元の説明変数 X の情報量をできるだけ減らさないよう
に、新たな説明変数（主成分）を作ります。そして多くの場合、元の説明
変数 X よりも新たな説明変数の方が、変数の数が少なくなります。その
ため、説明変数 X の数を減らしたい場合にも、この PCR（主成分回帰）
は使えます。

　しかし、主成分分析で求めた主成分は、目的変数 Y を上手く説明する
主成分ではありません。あくまでも、元の説明変数 X の情報量をできる
だけ減らさないように作ったものです。

　回帰分析で期待しているのは、目的変数 Y を上手く説明する予測モデルです。ここで、「どうせなら、目的変数 Y も考慮した主成分を作れないだろうか」と考えるのが自然でしょう。

　それを実現したのが「PLS」（partial least squares regression、部分最小二乗回帰）です。ここでは詳しく説明しませんが、PCR（主成分回帰）の進化版と捉えていただければと思います。

■　Ridge 回帰と Lasso 回帰、Elastic Net 回帰

　マルチコの問題に対処する方法が主成分回帰 PCR や部分最小二乗回帰 PLS だけではありません。これらの主成分分析を絡ませた方法以外で、「Ridge 回帰」というものがあります。実は、Ridge 回帰は非常に使い勝手がいい数理モデルです。

　Ridge 回帰は、通常の回帰分析に「正則化項」という概念を加えたものです。ここでは詳しく説明しません。この「正則化項」を加えることで、マルチコの影響を緩和します。さらにこのモデルは、データの数よりも説明変数の数が多い場合でもモデル構築できる、という特徴があります。

　ちなみに、Ridge 回帰と 1 ワードで表現していますが、線形回帰（単回帰/重回帰）の Ridge 回帰、ポアソン回帰の Ridge 回帰、ロジスティック回帰の Ridge 回帰が、それぞれあります。

　Ridge 回帰と聞くと、聞き慣れない方もいるかもしれませんが、Ridge 回帰分析を実施した場合、線形回帰（単回帰/重回帰）やポアソン回帰、ロジスティック回帰とほぼ似たようなもの（予測式の係数など）が出力されます。ご安心ください。

　肝は「正則化項」にあります。この「正則化項」にも種類があり、どのような「正則化項」を考えるのかで、Ridge 回帰と呼ばれたり、Lasso 回帰と呼ばれたりします。詳しく説明しませんが、「正則化項」には「数理モデルの汎化性能（未知のデータに対する性能）」を高めるという特徴があります。

Lasso 回帰の大きな特徴として、変数選択を実施してくれるというのがあります。ここの変数選択とは、「目的変数 Y を説明し予測するのに必要な説明変数 X を、数理的に選択する」ということです。特徴量選択とも言います。人為的な説明変数選択ではなく、数理的に説明変数選択されるのが特徴です。そのため、説明変数 X の数が多い場合に非常に有効です。

　Lasso 回帰は変数選択も実施してくれるので、非常に良さそうですが、1 つ大きな問題があります。今、相関関係の高い「X1」（チラシ配布量）と「X2」（値引率）という説明変数があったとします。そのまま線形回帰（単回帰/重回帰）を実施すると、マルチコが起こり上手く予測モデルが求まりません。そこで、Lasso 回帰分析を実施しました。どうなるでしょうか。この場合、「X1」（チラシ配布量）と「X2」（値引率）の 2 つの説明変数の内、1 つだけが選択されます。なぜならば、X1 と X2 は相関関係が高いので、一方から他方を予測でき、1 つで十分なためです。

　このように、Lasso 回帰の場合、相関関係の高い説明変数同士は、どちらか一方を採用し、他方を採用しません。

　相関関係の高い説明変数同士を、両方とも予測式に使いたい場合には、Ridge 回帰を実施するといいでしょう。Ridge 回帰の場合、目的変数 Y を説明し予測するのに不必要な説明変数も考慮した予測モデルになります。

　相関関係の高い説明変数同士を、両方とも予測モデルに使いたいけど、変数選択も実施したい、このようなニーズは当然起こります。そのニーズに応えるのが Elastic Net 回帰です。詳しく説明しませんし厳密性は欠きますが、Elastic Net 回帰は、Ridge 回帰と Lasso 回帰の中間に位置するものです。

　他にも Group Lasso 回帰など使えそうな数理モデルがあります。変数選択を変数単位で行うのではなくグループ単位で行います。そのため、性別（1：男性、2：女性）や年代（1：20 歳未満、2：20 代、3：30 代、4：40 代、5：50 代、6：60 歳以上）、企業規模（1：大企業、2：中堅企業、3：中小企業、4：小規模、5：個人事業主、6：その他）などのカテ

ゴリカル変数を 0−1 変数化（ダミー化）したときに、その変数をグループ化し変数選択させるときに利用できたりします。0−1 変数化（ダミー変数化）とは、例えば年代（1：20 歳未満、2：20 代、3：30 代、4：40代、5：50 代、6：60 歳以上）であれば、「20 歳未満変数」という変数を新たに作り、20 歳未満であれば「1」、そうえないならば「0」をとる変数のことです。この例のように、カテゴリカル変数を 0−1 変数化（ダミー化）すると複数の変数になってしまい、変数単位で変数選択をすると「20 歳未満変数」は有効な変数として残すが、「30 代変数」は選択しないなどの問題が起こります。「年代」自体が有効かどうかを知りたい場合には、0−1 変数化（ダミー化）した変数でグループを作り Group Lasso回帰で変数選択を実施するといいでしょう。

　このあたりの研究は最近盛んです。様々な Lasso 系の数理モデルやアルゴリズムが提案されています。ちなみに、先日（2019 年 4 月）ブラックホールの撮影で話題になったスパースモデリングの仲間です。ブラックホールの撮影では、電波干渉計というもので観測したデータを、天体画像に復元するときに、実際に Lasso という手法を利用しているようです。

　Lasso もしくはスパースモデリングというキーワードで調べて頂くと、あなたの求める分析手法を発見できるかもしれません。

3

データ分析・活用のためのフレームワーク

3. データ分析・活用のためのフレームワーク

3-1. データ分析・活用の 5 つのタイプ分け

■ SOR 理論から考えるデータ分析

　行動心理学の世界では、SR 理論（Stimulus-Response Theory）という考え方があります。行動を、「刺激」（S：Stimulus）に対する「反応」（R：Response）としてとらえたものです。

　データ分析の枠組みで語ると、「X（説明変数）」と「Y（目的変数)」の概念で捉えることができます。

- 刺激（S：Stimulus）：X（説明変数）
- 反応（R：Response）：Y（目的変数）

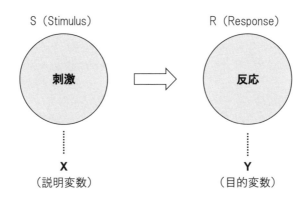

SR 理論（Stimulus-Response Theory）

SR 理論の概念はデータ活用を考える上で幅広く使え、例えば……

● 広告（X）を打てば売上（Y）が上がる
● 機器の稼働時間（X）が長くなると歩留まり（Y）が悪化する

……など色々と応用できそうです。

　しかし、ここである問題が起こります。それは、「同じ刺激（S：Stimulus）に対し、常に同じ反応（R：Response）が起こるわけではない」という問題です。
　例えば、広告打ったからといって、すべての人がその商品を購買するわけではありません。その人がどのような人なのかに依存します。
　例えば、稼働時間と歩留まりが悪化するタイミングの関係は、すべての工場で同じではありません。その日の気温や湿度、工具の熟練度などに依存します。

　SR 理論に「有機体（O：Organism）」という概念を付け加えた SOR 理論（Stimulus-Organism-Response Theory）というものがあります。
　「有機体（O：Organism）」とは人間であったり動物であったりします。刺激（S：Stimulus）に対する反応（R：Response）だけでは説明できない現象を、「有機体（O：Organism）」という概念を導入することで説明できるようにした、という感じです。
　ビジネス系のデータ分析の世界であれば、「有機体（O：Organism）」は生物個体だけでなく、AI であったり装置であったり工場のラインなど生物以外も付け加わります。
　つまり、同じ X（説明変数）を与えても、個人の属性や工場の状況など（媒介変数 Z）によって、Y（目的変数）の値が変わる、ということです。

● 刺激（S：Stimulus）：X（説明変数）
● 有機体（O：Organism）：Z（媒介変数 or 説明変数）
● 反応（R：Response）：Y（目的変数）

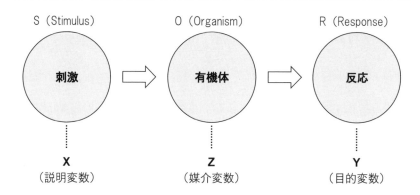

S（Stimulus）　　　　O（Organism）　　　　R（Response）

刺激　→　有機体　→　反応

X　　　　　　　　　Z　　　　　　　　　Y
（説明変数）　　　　（媒介変数）　　　　（目的変数）

媒介変数 Z の値によって、説明変数 X に対する目的変数 Y の関係性が変わる

　媒介変数は色々な説明の仕方や使われ方をします。ここでは「Y と X の関係は Z によって変化する」ということを表現するために使います。

　例えば、「広告」（X）と「購買」（Y）の関係性は「個人属性」（Z）によって異なる、「工場の稼働時間」（X）と「歩留まり悪化のタイミング」（Y）の関係性は「天候（気温や湿度など）」（Z）によって異なる、といった感じです。

　媒介変数は、説明変数と一緒くたに扱うこともありますが、意識的に区別しておいた方がいいでしょう。

■　モニタリング情報とレコメンド情報

　XYZ の 3 種類（説明変数 X・媒介変数 Z・目的変数 Y）のデータを分析することで、例えば次の 2 種類の情報を得ることができます。

● レコメンド情報
● モニタリング情報

レコメンド情報とモニタリング情報

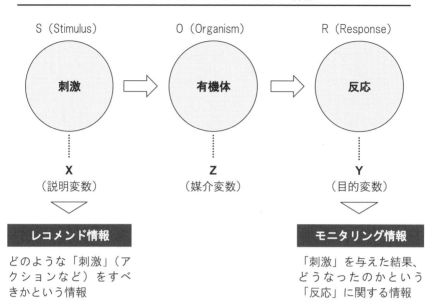

　レコメンド情報とは、どのような「刺激（S：Stimulus）」（アクションなど）をすべきか、という情報です。

　モニタリング情報とは、「刺激（S：Stimulus）」を与えた結果、どうなったのかという「反応（R：Response）」に関する情報です。通常「見える化」といった場合、こちらのモニタリング情報を指すことが多いです。

　問題なのは、「反応（R：Response）」に関するデータだけを集めてしまい、そのデータを集計しモニタリング情報として現場に提供するケースです。

　例えば、「売上が悪化した」とか、「生産の歩留まり（良品の割合）が悪化した」という結果だけ見せられても、具体的に何をするのがいいのかは、ベテランか相当センスの良い方でないと見えてこないでしょう。

　つまり、多くの人にとって、モニタリング情報だけ渡されても、アクシ

ョンに繋がりにくいということです。

そのため、アクションの結果である「モニタリング情報」を現場に提供するとともに、何をすべきかという「レコメンド情報」も併せて現場に提供したほうがいいでしょう。

要は、モニタリング情報は「結果の見える化」であり、レコメンド情報は「何をすべきかの見える化」といえるかもしれません。

この2種類の情報（レコメンド情報とモニタリング情報）を「見える化」するためには、この2種類の情報（レコメンド情報とモニタリング情報）を生み出す必要があります。それが、データ分析です。

データ分析で2種類の情報を生み出しアクションに繋げる

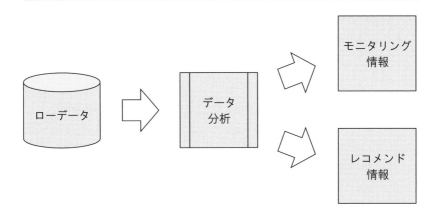

この2種類の情報（レコメンド情報とモニタリング情報）を、何かしらのデータ分析を実施することで生み出し、そして現場に提供しより良いアクションに繋げます。

では、どのようなデータ分析をすればいいのでしょうか。

■　「XY×時制」によるタイプ分け

データ分析のタイプ分けのやり方は色々あります。

例えば、データ分析の用途（例：量を予測する、異常を検知する、など）でタイプ分けしたり、データ分析で使うデータの状況（例：目的変数Yの性質やデータ量など）でタイプ分けしたりします。

どの分け方が正しく、どの分け方が正しくない、というものはありません。ここで紹介するのは、次の2軸によるタイプ分けです。

- 軸1：X（説明変数）とY（目的変数）のどちらに視点を置くのか？
- 軸2：どの時制（過去・現在・未来）に視点を置くのか？

X（説明変数）とY（目的変数）のどちらにデータ分析の視点を置くのか、どの時制（過去・現在・未来）に視点を置くのか、この2つの軸で考えることで、いくつかにタイプ分けできます。

- 今までのYに着目
  - ➢ モニタリング　→　主にYの状況を日々確認
  - ➢ 異常検知　→　確認しているYに異常が今起こっていないか評価
- 未来のYに着目
  - ➢ 将来予測　→　今後Yがどうなりそうかを予測
  - ➢ 予兆検知　→　未来のある時期に異常がどのくらい起こりそうかを予測
- 今までのXに着目
  - ➢ 要因分析　→　Xがどの程度Yに影響を与えていたかを評価
- あるべきXに着目（未来のX）
  - ➢ レコメンド　→　理想的なYになるためにはXはどうなるべきかを示唆

「予兆検知」は、異常検知の予測版と考えられるため、厳密には「将来予測」に分類されます。

したがって、大きくは次の5つにタイプ分けされます。

● モニタリング
● 異常検知
● 将来予測
● 要因分析
● レコメンド

時制も厳密には「過去～現在」（上記では「今まで」と表現）と「現在～未来」の2種類になります。整理すると次のようになります。

5つのデータ分析タイプ

		時制	
		過去から現在	現在から未来
XY	Yに着目	①モニタリング ②異常検知	④将来予測 （予兆検知）
	Xに着目	③要因分析	⑤レコメンド

■　初手はデータを視覚化するモニタリング

もっともオーソドックスなデータ活用は「モニタリング」です。そのため、データを活用している多くの企業や組織で実施されていることでしょう。

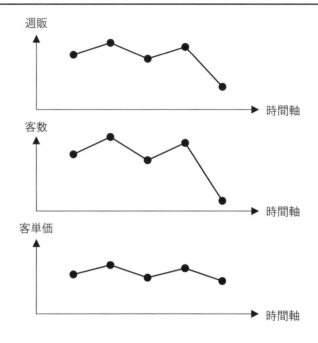

某小売店のモニタリング例

モニタリングの良いところは、Y（目的変数）のデータだけで十分だということです。そのため、手軽に始められます。

例えば、日販（1 日の売上高）をモニタリングするとき、日販のデータさえあれば十分です。同様に、受注件数や不良品数のモニタリングを行うときはそれぞれのデータがあれば十分です。

■　モニタリングの限界を突破する

しかし、ただ Y（目的変数）のデータをグラフ化し眺めても、思うように次のアクションに繋がりません。

例えば……

3章・データ分析・活用のためのフレームワーク

● 先週よりも週販が悪化しているなぁ

● ここ数カ月受注件数はほぼ変わらないなぁ

● 最近不良品が増えたなぁ

……と思うだけで、その先になかなか進めません。その先に進んでも、何となく心に浮かんだ思い付きのアクションになるケースもあります。

そのため、「①モニタリング」以降の「②異常検知・③要因分析・④将来予測・⑤レコメンド」が必要になってきます。

ちなみに、先ほどあげたある小売チェーンの7つの例は、次のように分類されます。

分類例

XY		時制	
		過去から現在	現在から未来
	Yに着目	▼異常検知 ・昨年の売上と比べ、今年の売上はどうだろうか？ ・今日の売上は、通常の売上と比べ悪いと言えるのだろうか？ ・先月のキャンペーンの影響はどうだろうか？	▼将来予測 ・何の対策も打たないままほったらかしにすると、来月どうなりそうか？
	Xに着目	▼要因分析 ・売上に効いている要因として、何が考えられるだろうか？ ・先日の土・日の売上が落ちた要因は、何であろうか？	▼レコメンド ・A案とB案、どちらがいいだろうか？

■　レコメンド（情報推奨/推薦）のためのデータ分析

レコメンドのためのデータ分析といっても色々あります。よくあるのは次の2つです。

- 【都度データ分析】重要な意思決定をサポートする情報を、データサイエンティストやデータ分析担当者などが依頼されるたびにアドホックにデータを分析し提供する
- 【数理モデル構築】レコメンド・システムを構築し機械的に情報を提供するために、データを分析しレコメンドのため数理モデルを構築する

前者は、昔からあるデータ分析・活用です。データサイエンティストやデータ分析担当者などのデータを分析する側に、データに現れない情報を取り込み洞察する力量が大きく問われます。

後者は、レコメンドのための数理モデルを構築するため、将来を予測する数理モデルを構築するときと同様に、汎化性能や解釈性など気を付けるべきポイントを踏まえ構築する必要があります。また、使ってみなければ善し悪しの判断がつかないため、通常は複数のレコメンドのための数理モデルを構築し実際に使いながら数理モデルを取捨選択したり、実運用しながら数理モデルを都度改良し続けたりするなどが必要になります。実践時には、地味に計算スピードの問題が大きくのしかかることがあります。

ここで、古典的な3つのレコメンドのやり方について簡単に説明します。回帰分析をダイレクトに活用するものから、そうでないものもあり、回帰分析だけでどうにかなるものではないですが、気になる方は参考までに流し読みしていただければと思います。

- シミュレーションによる試行錯誤
- 数理最適化モデル
- レコメンドモデル

■ シミュレーションによる試行錯誤

　「シミュレーションによる試行錯誤」とは、構築した予測モデルを使い、シミュレーションを実施することで、最適なアクションを探ろうというアプローチです。「X（説明変数）を変化させたときに Y（説明変数）がどうなるのか?」をシミュレーションしながら、実施すべき施策を検討します。

X を変化させたときに Y がどうなるのかシミュレーション

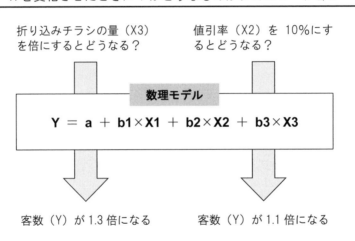

折り込みチラシの量（X3）を倍にするとどうなる?

値引率（X2）を 10%にするとどうなる?

数理モデル

Y ＝ a ＋ b1×X1 ＋ b2×X2 ＋ b3×X3

客数（Y）が 1.3 倍になる

客数（Y）が 1.1 倍になる

　回帰分析を実施し予測モデルを構築するとき、直近の傾向を取り込み反映するために、新しいデータが発生した都度に回帰分析を実施し、予測モデルを学習し求めたり（例：毎日予測モデルを再学習する）、直近のデータほど重要視した回帰分析（例：直近のデータほど大きな重みを付ける）を実施し予測モデルを学習し求めたりします。このように予測モデルを構築することで、今までと違う傾向が発生した場合（例：自然災害などの不測の事態）に時代にアジャストした予測モデルにすることができます。

■　数理最適化モデル

「数理最適化モデル」とは、数理計画法というアルゴリズムを使って、最適解を数理的に求めるアプローチです。「シミュレーションによる試行錯誤」のような作業を行わずに求めるのが特徴です。

例えば、マーケティングの広告・販促であれば mROI（Marketing Return On Investment）を最大化する広告・販促費の最適配分を求めるであるとか、小売店の棚割り系であれば利益最大化する最適棚割りを求めるであるとか、開発・生産系であれば一定基準以上の品質特性（通常 Y は 1 変量ではなく多変量）を実現するための最適な設計条件を求めるであるとか、調達・発注系であれば利益最大化する最適発注量を求めるであるとか、いずれかの形で目的変数 Y を最大化もしくは最小化するための説明変数 X を算出します。

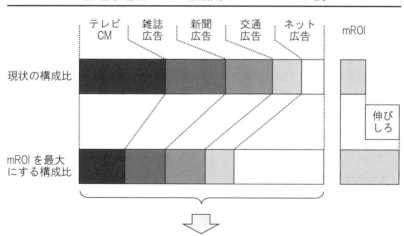

数理最適化モデルを活用したレコメンド例

**mROI（Marketing Return On Investment）
を最大にする構成比をレコメンド**

数理計画法（線形計画法・非線形計画法・混合整数計画法など）のモデリング技術（事象の数式化）はそれなりのスキルが必要なため、ツールがあればできるというものではありませんが、非常に強力な手段の1つです。

　数理計画法を活用したレコメンドをする場合、回帰分析をダイレクトに活用するというよりも、回帰分析の結果をもとに数理計画法の中で利用する数式を求める、ということをすることが多いです。

　この数理計画法に馴染みの薄い人も多いかと思います。数理計画法で解くための問題を「いかに定式化するのか」（モデリング）、それを「いかに解くのか」という大きな2つの問題にぶち当たります。

　意外と厄介なのが「いかに定式化するのか」（モデリング）で、対象となる現象を定式化することが不慣れな方が多い印象があります。若干、定式化のテクニックが必要になります。

　「いかに解くのか」もそれなりに厄介です。数理計画法の中でも非線形計画法や混合整数計画法の範疇になると、厳密解（専門用語でいうと大域的最適解）を求めようとすると膨大な計算時間が必要となり実務活用できないケースもあります。そのため、妥協解（専門用語でいうと局所的最適解の中で実務上受け入れ可能な解）を求めるシステムにすることが多いです。多くの場合、解を出すためのコンピュータの計算速度と、求めた妥協解の厳密解からの乖離度合いで評価したりします。例えば、厳密解を求めるのに10日前後必要だが、厳密解からの乖離が10%以内の妥協解なら計算時間1分以内に出せる、などです。

■　レコメンドモデル

　「レコメンドモデル」とは、協調フィルタリングなどのレコメンド用の数理モデルを使い、実施すべきアクションを求めるアプローチです。簡単な協調フィルタリングであれば、Excelだけでも実現可能です。

代表的なレコメンドモデルである協調フィルタリング

商材ベースの協調フィルタリング

顧客の購入実績から**商材間の買われ方の類似度**を計算し商材をレコメンドする

※1：購入、0：未購入

	商材1	商材2	商材3	商材4	商材5	……
顧客A	1	1	0	0	0	
顧客B	1	1	1	0	1	
顧客C	1	0	0	0	1	
顧客D	0	0	1	1	1	
顧客E	0	0	1	0	1	

商材1を購入する顧客は商材2も購入しているケースが多いから、商材1を購入した顧客Cに商材2を勧める

顧客ベースの協調フィルタリング

顧客の購入実績から**顧客間の買い方の類似度**を計算し商材をレコメンドする

※1：購入、0：未購入

	商材1	商材2	商材3	商材4	商材5	……
顧客A	1	1	0	0	0	
顧客B	1	1	1	0	1	
顧客C	1	0	0	0	1	
顧客D	0	0	1	1	1	
顧客E	0	0	1	0	1	

商材4を顧客Dは購入しているが、似たような購入実績の顧客Eは購入していないので、顧客Eに商材4を勧める

レコメンドモデルには、協調フィルタリング以外にも色々あります。代表的なものは、「内容（Content）ベース型」や「知識（Knowledge）ベース型」などです。

　内容ベース型では、顧客の特徴と商材の特徴を用いてレコメンドします。ざっくり言うと、「顧客の好みに合致した特徴を持った商材をレコメンドする」という感じです。協調フィルタリングが、顧客と商材の関係性（例：購買）、つまり目的変数 Y（例：購買の有無）だけを活用していることから考えると、必要なデータが増えます。要は、説明変数 X や媒介変数 Z などが必要になります。

　知識ベース型には、大きく「制約（Constraint）ベース型」と「ケース（Case）ベース型」があります。制約ベース型は、利用者が提示した要求を制約条件としてレコメンド可能な解を探索し提示します。ケースベース型は、利用者が提示した要求との類似度をベースにレコメンド可能な解を探索し提示します。この 2 つを混合させてレコメンドモデルを構築することも多いです。例えば、制約ベース型レコメンドモデルでレコメンド候補を絞り込み、絞り込んだレコメンド候補に対しケースベース型で類似度評価し最終的なレコメンドを実施する、などです。

　再度いいますが、このようなレコメンドのための数理モデルを構築するため、将来を予測する数理モデルを構築するときと同様に、汎化性能や解釈性など気を付けるべきポイントを踏まえ構築する必要があります。しかし、使ってみなければ善し悪しの判断がつきません。

　いくら過去のデータ上で良さそうでも、実際はそうでもないケースもありますし、過去のデータ上でパッとしなくとも、実際はそれなりの成果をだすケースもあります。

　通常は複数のレコメンドのための数理モデルを構築し実際に使いながら取捨選択したり、実運用しながら数理モデルを都度改良し続けたりするなどが必要になります。

　さらに、コンピュータの計算速度の問題もあります。レコメンドの対象となるアイテム（例：商材）やレコメンドの相手（例：顧客）が膨大な場合、当然ながら計算時間が長くなります。それなりの成果が出ると思われたレコメンドモデルであっても、計算時間が長いと活用されません。レコメンドにリアルタイム性がどの程度求められているのか（例：瞬時にレコメンドする必要がある）、バッチ処理（例：夜中に計算機を動かし処理をする）で対応可能なのか、などを考える必要があります。

3-2. データ分析・活用を推進するフレームワーク PPDAC

■　誰もが使える PPDAC サイクル

　PPDAC サイクルは、1990 年代に作られたデータ分析による課題解決マネジメントサイクルで、以下の 5 つのステップで構成されています。

- P（Problem）：課題の設定
- P（Plan）：調査・分析の計画
- D（Data）：情報収集
- A（Analysis）：情報の整理・集計・分析・数理モデル構築など
- C（Conclusion）：とりあえずの結論

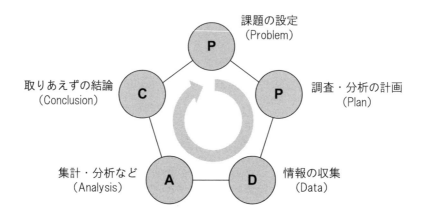

PPDAC は、P（Problem、課題設定）からスタートし P（Problem、課題設定）→P（Plan、計画）→D（Data、データ収集）→A（Analysis、データ集計・分析・数理モデル構築など）→C（Conclusion、とりあえずの結論）の順番に進みます。

C（Conclusion、とりあえずの結論）まで進んだら、必要があれば再度 P（Problem、課題設定）に戻り、新たな PPDAC がスタートします。

要するに、PPDAC を何度も回していくことになります。

このサイクルの優れているところは、実用的で誰でも使えることです。「小中学生」がデータを活用した問題解決力を身につける教育でも使われています。

しかも、私自身実際に使ってみて分かったことは、ビジネスの実務でも非常に有効であることです。

この PPDAC サイクルは、時間をかけて高品質なサイクルを 1 回行うのではなく、短時間にそこそこのサイクルを何回も重ねます。

例えば、データ分析で何かしらの提言をするまでの期間が 1 週間であれ

ば 5 サイクル（1 日 1 回ペース）回します。期間が 1 日であれば 2 回（3
時間に 1 回ペース）行う。PPDAC サイクルを何回も回しながら対応策の
質を高めていきます。

　PPDAC サイクルを 1 回転するたびに「とりあえずの結論（Conclusion）」
を出していきます。

　このような PPDAC サイクルですが、実務上次の 2 つのタイプがあり
ます。

● 単発的なビジネス課題に対する PPDAC
● データドリブン化のための PPDAC

■　まずは、単発的なビジネス課題に対する PPDAC

　PPDAC サイクルの分かりやすい使い方は、単発的なビジネス課題に対
し使うことです。小中学校の生徒が実施した発表資料を見ても、基本単発
的な課題に対するものが多いようです。

　要は、「課題を 1 つ設定（例：パッケージデザインは A 案と B 案どちら
がいいか？）し、その課題に沿った形でデータを集め分析（例：パッケー
ジ評価のための消費者アンケートを実施し、その回答を分析する）し、そ
の結果を用いて課題解決する（例：A 案よりも B 案の購入意向が高いた
め、B 案に決定する）」ということです。

　このようなことを PPDAC サイクルに沿って実施します。

PPDAC 例

P	**課題の設定** **（Problem）**	パッケージデザインは A 案と B 案どちらが いいか？
P	**調査・分析の計画** **（Plan）**	パッケージ評価のための消費者アンケートを 実施し、その回答を分析する
D	**情報の収集** **（Data）**	パッケージ評価のための消費者アンケートを 実施する
A	**集計・分析など** **（Analysis）**	A 案と B 案のパッケージ評価の回答を分析す る
C	**取りあえずの結論** **（Conclusion）**	A 案よりも B 案の購入意向が高いため、B 案 に決定する

　ここで重要になってくるのが、最初のテーマ設定です。データ分析・活用の成果を左右する最大の要因は、テーマ設定だからです。実際、どんなに素晴らしいデータを集め、どんなにすごいデータ分析を実施し、どんなに完璧に現場で活用しても、テーマがよろしくないとビジネス成果は望めません。

　ちなみに、このような単発的なビジネス課題に対する PPDAC の場合、テーマ設定は最初の「P（Problem、課題の設定）」で実施します。

■　仕組み化するなら、データドリブン化のための PPDAC

　この本では詳しく取り上げませんが、「単発的なビジネス課題に対する PPDAC」に対し、「データドリブン化のための PPDAC」があります。

　「単発的なビジネス課題に対する PPDAC」の場合、課題を 1 つ設定し解決していきますが、「データドリブン化のための PPDAC」の場合、日常業務の中にデータ分析・活用を仕組みとして入れ込んでいきます。

　例えば、既存顧客の離反（チャーン）阻止という課題に対し、データを

集め分析し、離反要因を探り、その解決策を導き出すのが「単発的なビジネス課題に対する PPDAC」です。

一方、「データドリブン化のための PPDAC」であれば、既存顧客の離反（チャーン）阻止という課題に対し、定期的にチャーンスコア（離反スコア、離反の可能性を数値化したもの）を現場に提供し、活用し成果を出し続ける仕組み化を目指します。要は、現場で活用する人の業務の流れの中に、データ活用の仕組みを組み込むための PPDAC です。

そのため、まずは「単発的なビジネス課題に対する PPDAC」を実施し、それを仕組み化したほうがいいのなら「データドリブン化のための PPDAC」を実施する、というのもいいでしょう。

この「データドリブン化のための PPDAC」は、いくつかの種類の PPDAC サイクルを回します。

例えば、次の3種類です。

● テーマ設定フェーズ
● モデル構築フェーズ
● テスト運用フェーズ

データ分析・活用のテーマを
設定するフェーズ

理想は 「筋の良いテーマ」

設定したテーマのデータ分
析・活用で必要なモデルを構
築し、実務活用の準備をする
フェーズ

モデル構築フェーズで準備し
たモデルなどを使い、実際に
成果をあげられるそうかを、
一部署などでテスト的に実施
し検討するフェーズ

　この3つのフェーズで最重要なのが「テーマ設定フェーズ」です。文字
通り、データ分析・活用のテーマを設定するフェーズです。理想は 「筋
の良いテーマ」を探し、テーマとして設定することです。設定するテーマ
を間違うと、どんなに努力しても、なかなか成果を出すことが難しくなり
ます。そのため、非常に重要になってきます。

　次に重要なのが「テスト運用フェーズ」です。テスト運用が上手くいっ
た後に、データドリブンを本格運用します。後は、データドリブン運用上
の課題を、「単発的なビジネス課題に対する PPDAC」で対応し、日々改
良を重ねていきます。このテスト運用フェーズの段階で、デジタル化のた
めの大規模な IT 投資はしない方がいいでしょう。テスト運用フェーズで

は、アナログオペレーションと呼ばれる手作業ベースのデータ分析・活用をします。

　データサイエンスやデータ分析と聞いて一番思い浮かべるのが、「モデル構築フェーズ」です。先に説明した2つのフェーズよりも重要度は、やや下がります。「モデル構築フェーズ」の前の「テーマ設定フェーズ」で、間違ったテーマを設定しなければ、スムーズにモデル構築できることでしょう。「モデル構築フェーズ」で構築するモデルは、「テスト運用フェーズ」で活用するために作ります。

　この「データドリブン化のための PPDAC」は、結果的にデータドリブンなビジネス活動を目指すため、デジタル化や AI 化などのための IT 投資は欠かせません。ここで、もう少し視野を広げたお話しをします。

　データドリブンなビジネスに向けた全体像は、例えば次のようになります。

- ● ステージ1：テーマ設定（テーマ設定フェーズに相当）
- ● ステージ2：アナリティクス（モデル構築フェーズ相当）
- ● ステージ3：アナログオペレーション（テスト運用フェーズに相当）
- ● ステージ4：デジタル化
- ● ステージ5：AI 化・ロボティクス化

データサイエンス実践（データ分析・活用）の流れ

ステージ 1

デザイン（テーマ設定/分析設計）
・データサイエンス実践（データ分析・活用）の対象となるドメインや**テーマの選定、分析設計、効果の概算**、次ステージ以降の計画（特にステージ 2 のアナリティクス）など

ステージ 2

アナリティクス（データ分析）
・データ分析や数理モデル（予測モデル、評価モデル、異常検知モデルなど）構築

ステージ 3

アナログオペレーション
・実務の各種意思決定のために**アナリティクスで構築したモデルなどを手作業で運用**
・運用時の帳票（評価レポートや予測レポートなど）や構築した数理モデルなどの**一部改修**

ステージ 4

デジタル化
・アナリティクスで構築したモデルなどを **IT システムに組み込み運用**

ステージ 5

AI 化/ロボティクス化
・実務の各種意思決定の一部 AI 化、実務運用の一部ロボット化

　要するに、「データドリブン化のための PPDAC」の先に、ステージ 4 の「デジタル化」やステージ 5 の「AI 化・ロボティクス化」があるということです。

　しかし、ステージ 4 やステージ 5 は必須ではありません。ステージ 4 やステージ 5 は、ステージ 3 の「アナログオペレーション」を IT の力で

楽にし、得られる成果を加速させるためのステージです。「アナログオペ
レーション」で十分であるのなら、無理にデジタル化や AI 化などのため
の IT 投資をする必要はありません。

　ここで 1 点注意すべきことがあります。

　それは、ステージ 1、2、3 を飛ばし、PoC（実証実験）という旗印のも
と、いきなりステージ 4 の「デジタル化」やステージ 5 の「AI 化・ロボ
ティクス化」を目指すことです。

　あくまでも、ステージ 4 の「デジタル化」やステージ 5 の「AI 化・ロ
ボティクス化」は、ステージ 3 の「アナログオペレーション」でビジネス
成果を出したものを、効率化（手作業部分の IT による自動化やスピード
アップなど）したり、スケール化（横展開による成果の拡大など）したり
するためのものです。

　上手く行くか行かないか分からないテーマを、いきなりステージ 4 や 5
のデジタル化や AI 化などのための IT 投資をすることがないよう注意が
必要です。

　少なくとも、ステージ 1 から丁寧に進めていけば、デジタル化や AI 化
などのために IT 投資をしたけれどビジネス成果がでない、ということは
ありえません。なぜならば、その前のアナログオペレーションの段階で成
果が出ているからです。IT 投資で、その成果を拡大するからです。

3-3. 上手くいくかどうかはテーマ設定次第

■ テーマ設定の2つの軸

「単発的なビジネス課題に対する PPDAC」であろうが、「データドリブン化のための PPDAC」であろうが、共通しているのは最初にテーマ設定することです。

このデータ分析・活用のテーマには、筋の良いものと悪いものがあります。知らず知らずのうちに筋の悪いテーマを選び、そのテーマに挑むと苦労も絶えません。

ここでは、筋の良し悪しを次の2つの軸で考えていきます。

- 容易性
- インパクト

容易性×インパクト

「容易性」とは、どれだけ簡単に実現できるのか、ということです。もう少し具体的に言うと、テーマとしてあげられたビジネス課題の解決が、データを使ってどれだけ容易に実現できるのか、ということです。

容易性の観点には、次の3つがあります。

● 取得に関する容易性
● 分析に関する容易性
● 活用に関する容易性

「インパクト」とは、データ分析を活用したときに得られる「成果の大きさ」です。

可能であればすべて「金額（円）」で表現するようにしましょう。

データ分析・活用による利益変動（売上変動・コスト変動）

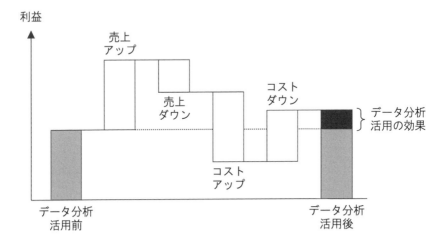

■ テーマ設定の流れ

テーマ設定の流れは、次にようになります。

- Step 1：ビジネス課題の洗い出し
- Step 2：データ分析・活用の候補の抽出
- Step 3：テーマ候補の評価と選定

テーマ選定までの流れ（ざっくり版）

Step 1

ビジネス課題の洗い出し

先ず、データを活用するかどうかに関係なくビジネス課題を洗い出す

Step 2

データ分析・活用のテーマ候補の抽出

次に、データを使ったほうがよさそうなテーマを探す

Step 3

テーマ候補の評価と選定

そして、データ分析・活用のテーマを決定する

Step1 の「ビジネス課題の洗い出し」のポイントは、「まず、データの存在を忘れて、解決すべきビジネス課題を考える」というところです。

データ分析・活用のテーマと聞くと、「データでできること」を軸にテーマを探し始める人も少なくありません。「データでできること」を軸にテーマを探し始めると視野が狭くなり、場合によっては「データの可能性」を殺してしまうことがあります。データの可能性を殺すとは、データで課題解決できたテーマを見つけられず、データで解決する機会を奪い去ることを意味します。

そのため、ビジネスの「お困りごと」である「ビジネス課題」を、データを活用するかどうかに関係なく洗い出します。データを使うという制約が外されることで、色々なビジネス課題（仕事の「お困りごと」）が洗い出されるはずです。

このビジネス課題（仕事の「お困りごと」）には 4 つのタイプがあります。次の2軸でタイプ分けします。

- 「悪い状態を普通にする」 or 「普通をより良い状態にする」
- 「今のこと」 or 「未来のこと」

４つのタイプのビジネス課題（仕事の「お困りごと」）

	今のこと	未来のこと
悪い状態を普通にする	今目の前にある悪い状況を解消するためにすべきこと	これから訪れる悪い状況を解消するために今すべきこと
普通をより良い状態にする	より良い今を実現するためにすべきこと	より良い未来を実現するために今すべきこと

では次に、Step2 の「データ分析・活用のテーマ候補の抽出」です。

ビジネスの「お困りごと」である「ビジネス課題」の中から、どのようにして「データを使った方がよさそうなテーマ」を抽出するのでしょうか。

例えば、次のような逆算アプローチで探していきます。

データ分析・活用のテーマ候補の抽出（Step 2 の詳細化）

Step 2-1	**どのような変化を起こしたい？** 課題の Before（現状、As-Is）と After（解決された状態、To-Be）を考える
Step 2-2	**変化に必要なモノは？** 「Before → After」の変化を起こすのに何が必要なのかを考える
Step 2-3	**どのような分析が必要か？** その変化にデータ分析が有効ならば、どのような分析が必要なのかを考える
Step 2-4	**どのようなデータが必要なのか？** その分析をするために、どのようなデータが必要になるのかを考える
Step 2-5	**データは存在するのか？** その必要なデータの中で、すでに使えるデータと、そうでないデータを考える

　肝となるのが「Step 2-3」です。

　「Step 2-3」でデータ分析の内容だけでなく、そもそもデータ分析が必要かどうかの判断もします。もし、データ分析が必要であれば、その課題は「データ分析を活用したほうがよさそうなテーマ」となります。そうでなければ、データ分析をしなくても解決できる課題、もしくはデータ分析の力を活用しても解決できない課題ということになります。

　「Step 2-4」でどのようなデータが必要なのかを考え、「Step 2-5」でそのようなデータが存在するのかを検討していきます。

したがって、「Step 2-3」で「データ分析を活用したほうがよさそうな
テーマ」とされても、「Step 2-5」でデータが手元にないことが分かり、
「データ分析できない」となることがあります。もちろん、データが手元
になくてもすぐに入手可能であるならば、その限りではありません。この
場合、テーマ候補から外れます。

　これで、データ分析・活用のテーマ候補が抽出されます。

　テーマ候補が出そろったら、次にテーマ候補を先ほど説明した次の2つ
の軸で評価します。Step3の「テーマ候補と評価と選定」です。

- ● 容易性
- ● インパクト

■　整理したテーマの料理方針

　今お話ししたように、テーマを選定するとき、「容易性×インパクト」
の掛け算で考えていきます。

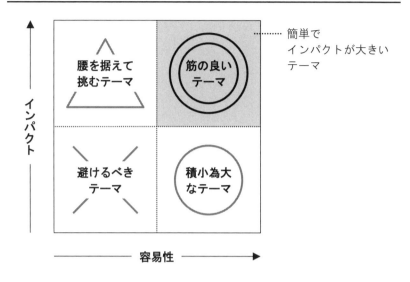

筋の良いテーマを選ぼう！

簡単で
インパクトが大きい
テーマ

腰を据えて
挑むテーマ

筋の良い
テーマ

避けるべき
テーマ

積小為大
なテーマ

インパクト

容易性

　このとき「筋の良いテーマ」とは、「簡単でインパクトが大きいテーマ」です。複数のテーマ候補があるのなら、簡単でインパクトが大きい「筋の良いテーマ」を選びましょう、ということです。

　しかし、「簡単でインパクトが大きいテーマ」が、いつもあるわけではありません。多くのデータ分析・活用のテーマ候補は、「インパクトが大きいが難しいテーマ」（腰を据えて挑むテーマ）もしくは「簡単だけどインパクトの小さなテーマ」（積小為大なテーマ）になります。

　データ分析・活用の経験値が少なく、まだデータ分析・活用の成果があまり出ていないのなら、「簡単だけどインパクトの小さなテーマ」（積小為大なテーマ）を優先すべきです。

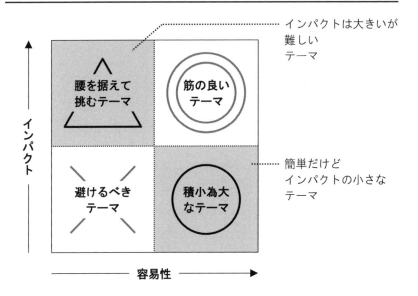

できるだけ早く成功経験を積むなら積小為大なテーマ

- インパクトは大きいが
  難しい
  テーマ
- 簡単だけど
  インパクトの小さな
  テーマ

（図中ラベル）
腰を据えて挑むテーマ
筋の良いテーマ
避けるべきテーマ
積小為大なテーマ

インパクト
容易性

　理由は、「簡単だけどインパクトの小さなテーマ」の場合、簡単に成果
が出るため、成功体験をどんどん積めて、関わった人のデータ分析・活用
の能力を高めるからです。インパクトの小さなテーマであっても、その成
果は立派な成果です。

　「インパクトが大きいが難しいテーマ」（腰を据えて挑むテーマ）には
年月が必要で、労の大きさを考えると、パフォーマンス効率は良いとは言
えません。実現すれば「おぉー」という感嘆の声が聞こえるかもしれませ
んが、非常に大きな忍耐力が必要となります。

　ですので、会社の生死を左右するとか、部署や製品にとって避けて通れ
ないとか、挑むことが宿命付けられているとかでなければ、「簡単でイン
パクトが大きいテーマ」（腰を据えて挑むテーマ）を選び、ガンガン成果
を生み出し続けたほうがいいでしょう。

「簡単だけどインパクトの小さなテーマ」に挑み、
テーマの量をこなし力を付ける

　「ちりも積もれば山となる」の通り、「簡単だけどインパクトの小さな
テーマ」（積小為大なテーマ）に挑み小さなビジネス成果を積み上げるこ
とで、それなりに大きなビジネス成果へとなります。まさに、二宮尊徳の
「積小為大」（小を積んで大を為す）です。

■　結局のところPDCAサイクルの中でビジネス活動を行っている

　少なくとも日本のビジネスの世界では PDCA（Plan-Do-Check-Act、
計画-実行-評価-改善）サイクルの神話は根強く、意識しているかどうか
に関係なく、結局のところ PDCA サイクルを用いてビジネス活動を行っ
ていることが多いのではないかと思います。

PDCA サイクル（Plan-Do-Check-Act）

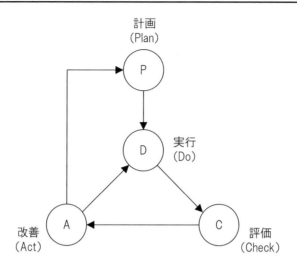

PDCA サイクルの例をあげればきりがありません。

例えば、企業全体で考えた場合、年度計画を立案し、その計画に沿って業務をし、四半期や半期、事業年度末前後に決算と言う名の事業の振り返りを実施し、必要があれば修正や改善を実施しています。十分に機能しているかどうかはさておき、このような PDCA サイクルを回している企業は、日本国内であれば多いことでしょう。

この大きな PDCA サイクルは、どんなに小さな企業であったとしても、実施していることでしょう。仮に、事業計画などが明示化されていなくともです。振り返りのための評価がきちんとできていなくてもです。経営者やマネジャーなどの頭の中でなんとなく計画を立てながら実行し、大丈夫かなと思いながら頭の中で振り返り、微修正しながら、ビジネスをしている企業も多いと思います。

要するに、どんな企業であっても、結果的に PDCA サイクル的な動きをしているということです。

146

　それなりの規模の企業の場合、各事業部や各部、各課、各グループなどの各部署で何かしら PDCA サイクルを回していることも少なくありません。末端の社員に対しても PDCA サイクルを回すことを当然の習慣として強いている企業もあります。生産現場の改善活動などでは、この PDCA サイクルが奨励されているぐらいです。

　しかも、PDCA サイクルそのものよりも、PDCA サイクルの付帯業務として発生する日報・週報・月報などで苦しんでいる人も多いです。週報ですと、PDCA サイクルに関するレポートを毎週メールなどで共有する、という感じです。

　ここでは、この PDCA サイクルが良いとか悪いとかという議論をするつもりはありません。

　ここで言いたいのは、結局のところ日本のビジネス現場は PDCA サイクルで動いているので、データ分析・活用の場面も PDCA サイクルで考えよう、ということです。

■　データ分析・活用の場面は「Check」（評価）と「Plan」（計画）

　例えば、販促活動を実施している部署があったとします。彼ら・彼女らの仕事は、販促計画の立案と販促活動の実施、その実施した結果の振り返り評価、問題があれば改善する、という流れになることでしょう。

　この PDCA サイクルの中のどこかに、データ分析・活用のテーマが眠っています。

　多くの場合、それは次の 2 つです。

- Plan（計画）
- Check（評価）

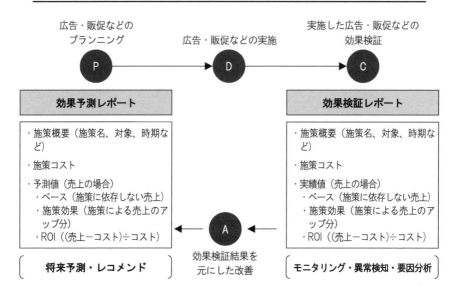

「Check」（評価）と「Plan」（計画）の活用場面例（広告・販促の場合）

広告・販促などの
プランニング　　　　　広告・販促などの実施　　　実施した広告・販促などの
効果検証

P　　　→　　　D　　　→　　　C

効果予測レポート

・施策概要（施策名、対象、時期など）

・施策コスト

・予測値（売上の場合）
　・ベース（施策に依存しない売上）
　・施策効果（施策による売上のアップ分）
　・ROI（（売上ーコスト）÷コスト）

将来予測・レコメンド

A

効果検証結果を
元にした改善

効果検証レポート

・施策概要（施策名、対象、時期など）

・施策コスト

・実績値（売上の場合）
　・ベース（施策に依存しない売上）
　・施策効果（施策による売上のアップ分）
　・ROI（（売上ーコスト）÷コスト）

モニタリング・異常検知・要因分析

　この例ですと、販促計画を立案するときにデータ分析の力を利用するか、販促を実施した結果を評価するときにデータ分析の力を利用するのか、ということです。

　販促計画を立案するときにデータ分析の力を利用する例として、最もコストパフォーマンスのいい販促媒体の組み合わせをデータ分析で導き出し、その分析結果をもとに、どのような販促を実施するのかを考えようとするものがあります。mROI（Marketing Return On Investment）最大化問題と言われているもので、昔からあるデータ分析・活用のテーマの1つです。

　販促を実施した結果を評価するときにデータ分析の力を利用する例として、どの販促媒体がどの程度売上に貢献したのかをデータ分析で導き出し、その分析結果をもとに、各販促媒体の評価（売上増分額や ROI など）を

より正確に実施しようというものがあります。MMM（Marketing Mix Modeling）という数理モデルを構築することでこのようなことを実施できます。こちらも、昔からあるデータ分析・活用のテーマの1つです。

このように、データ分析・活用のテーマは、データ分析を活用する現場のPDCAサイクルの中の、Plan（計画）とCheck（評価）にあることが多いです。

■　データ分析は「Check」（評価）から始まる

現場でデータ分析・活用をするとき、例えば次の「3つのこと」を、データを分析し考えていきます。

① 　何が起こっていたのか（過去）
② 　どうなりそうか（未来）
③ 　何をすればよいのか（アクション）

まずは、「何が起こっていたのか（過去）」を検討することから始めます。

「何が起こっていたのか（過去）」を検討する

「何が起こっていたのか（過去）」を検討後、次に「どうなりそうか（未来）」を検討します。

「どうなりそうか（未来）」を検討する

「どうなりそうか（未来）」を検討後、次に「何をすればよいのか（アクション）」を検討します。

「何をすればよいのか（アクション）」を検討する

今説明したデータを分析し考えていく「3つのこと」（①何が起こっていたのか、②どうなりそうか、③何をすればよいのか）は、PDCAサイクルで言うところの「Check」（評価）と「Plan」（計画）に該当します。

データからアクションを導く

PDCAサイクルは、「Plan」（計画）から始まりますが、今説明したデータを分析し考えていく「3つのこと」は、「Check」（評価）から始まります。

そのため、データ分析・活用の対象が「Plan」（計画）である場合、当然ながら「Plan」（計画）のためのデータ分析は必要ですが、それだけでなく「Check」（評価）のためのデータ分析も必要になります。

また、データ分析・活用の対象が「Check」（評価）である場合であっても、「Plan」（計画）のためのデータ分析は必要になることはあります。なぜならば、問題が起こったときに、「どうなりそうなのか」や「何をすればよいのか」を提示できたほうがいいからです。PDCAサイクルの「Act」（改善）につなげるためのデータ分析です。

3章・データ分析・活用のためのフレームワーク

つまり、データ分析・活用のテーマを考えるとき、おそらく「Check」（評価）と「Plan」（計画）のどちらかの場面になることが多く、その中でモニタリングや異常検知、要因分析、将来予測、レコメンドといったことを実施していくことになるでしょう。

4

Excelの
標準機能で実施する
回帰分析

どっちがいい??

Part Ⅱ　Excel 活用編

4. Excel の標準機能で実施する回帰分析

4-1. Excel でどこまでデータ分析できるのか？

■　データ分析で使える Excel の標準機能

　データ分析と聞くと、Julia や Python、R といった無料で使えるデータ分析ツールを思い浮かべる方もいると思います。有料の分析ツールだと、SAS や SPSS、STATA などが有名です。無料のデータ分析ツールのスキル面の敷居は高いし、有料のものは使いやすそうだが高額だし、ということで Excel だけで手軽にデータ分析できないだろうかと思う方もいることでしょう。

　実は Excel に搭載されている機能だけで、それなりのデータ分析を実施することができます。

　例えば、次の5つの Excel の機能は、データ分析に使えます。

- Excel 関数
- ピボットテーブル
- データ分析
- ソルバー
- VBA（Visual Basic for Applications）

　「Excel 関数」を普段から活用している人は多いと思います。「ピボットテーブル」は集計するときに便利です。「データ分析」と「ソルバー」は、アドインを有効にしないと Excel では使えません。

　「データ分析」は、その名前が示す通り、データ分析に使える機能がいくつかあります。「データ分析」のアドインを有効にすると、次のような

分析を実施できるようになります。

- 分散分析：一元配置
- 分散分析：繰り返しのある二元配置
- 分散分析：繰り返しのない二元配置
- 相関
- 共分散
- 基本統計量
- 指数平滑
- F 検定：2 標本を使った分散の検定
- フーリエ解析
- ヒストグラム
- 移動平均
- 乱数発生
- 順位と百分位数
- 回帰分析
- サンプリング
- t 検定：一対の標本による平均の検定
- t 検定：等分散を仮定した 2 標本による検定
- t 検定：分散が等しくないと仮定した 2 標本による検定
- z 検定：2 標本による平均の検定

Excel「データ分析」でできることは、意外とたくさんあります。

　今回は、「データ分析」の中にある「回帰分析」の使い方について説明します。しかし、この Excel「データ分析」の「回帰分析」は、単回帰や重回帰と呼ばれるものしかできません。

　「ソルバー」は、設定した制約条件のもとで値を変化させながら最適な解を算出するツールです。この説明を聞いてピンとくる方は少ないかもしれません。要は、「データ分析」に比べ敷居が高く、手軽にデータ分析に

使えるわけではない、ということです。しかし、「データ分析」でできない ロジスティック回帰などの回帰分析を、工夫することで実施することが できます。

　「VBA」は、Visual Basic for Applications の略で、Excel 上のプログ ラミング環境です。Visual Basic と呼ばれるプログラミング言語を使い、 頑張れば色々な高度な数理モデルも作ることができます。ただ、1 からプ ログラムを組む必要があるため、最も敷居が高いです。VBA で自在に数 理モデルを作れるぐらいのスキルがあれば、Julia や Python、R などの 無料で使えるデータ分析ツールを使った方が楽だと思います。

　この本では、「Excel 関数」「ピボットテーブル」「データ分析」「ソルバ ー」「VBA」について詳しい説明はしません。興味ある方は、それぞれの 入門書を参考にしたり、インターネット上で検索し調べたりしていただけ ればと思います。

　ただ、回帰分析を手軽に実施できる「データ分析」について、事例を用 い使い方を説明します。さらに、「ソルバー」についても、簡単に説明を します。

■　とりあえず、「データ分析」と「ソルバー」のアドインを有効 にしよう

　「データ分析」と「ソルバー」は、アドインを有効にしないと使えませ ん。そのため、まずはアドインを有効にする方法について説明します。非 常に簡単です。

　Excel2019 の場合には、メニューの［ファイル］をクリックし、［オプ ション］を選択します。［オプション］を選択すると、［オプション］の画 面が開きます。

Excelの「オプション」画面を表示させる

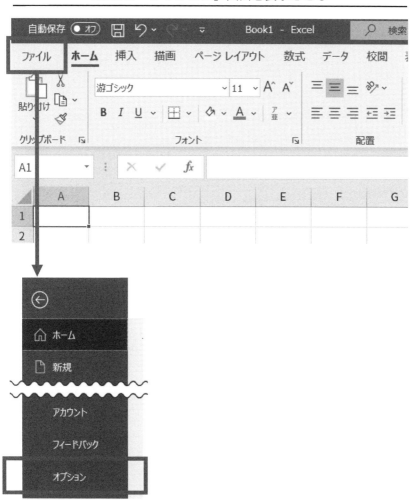

　［オプション］の画面が開いたら［アドイン］をクリックし、［アドイン］の画面を表示させます。そこで、［管理（A）］で［Excelアドイン］を選択し、［設定（G）］ボタンをクリックし、［Excelアドイン］の画面を表示させます。

Excel のオプション画面で「Excel アドイン」画面を表示させる

　[Excel アドイン]の画面を開いたら、そこで[分析ツール]と[ソルバーアドイン]にチェックを入れ[OK]ボタンをクリックし、Excel「データ分析」と Excel「ソルバー」のアドインを有効にします。

アドインを選択し有効にする

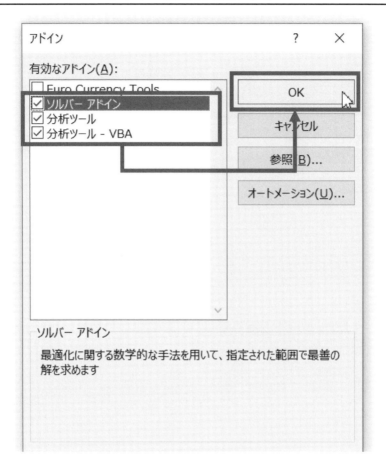

　上手くいくと、メニューの［データ］をクリックすると、リボン（ツールバー）に「データ分析」と「ソルバー」が表示されます。

「データ分析」と「ソルバー」が有効になっていることを確認する

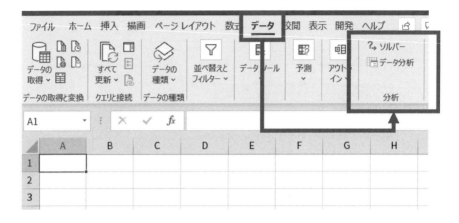

利用するときは、それぞれをクリックすれば起動します。

　［データ分析］をクリックすると、次のように「分析ツール」の画面が表示されます。その中で、利用したい分析機能を選択し、その分析を実施していきます。回帰分析を実施したい場合には、［回帰分析］を選択し［OK］ボタンをクリックします。

［データ分析］を選択すると分析ツール画面が表示される

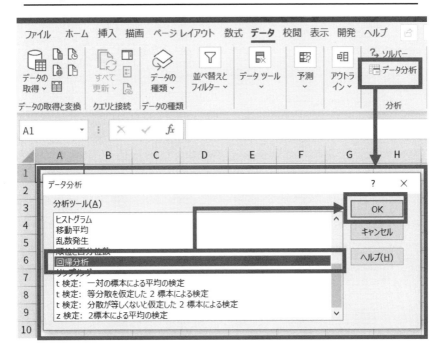

　［ソルバー］をクリックすると、次のような、「ソルバーのパラメータ」の設定画面が表示されます。

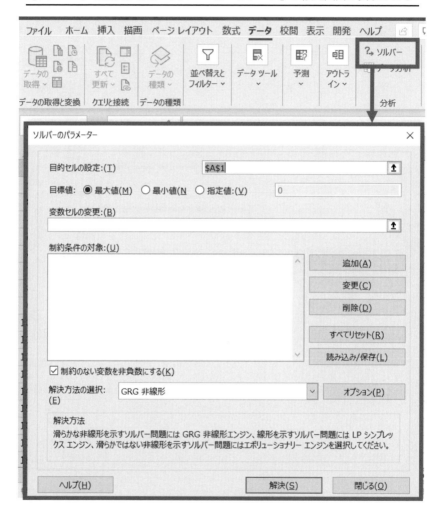

Excel「ソルバー」は、設定した制約条件のもとで値を変化させながら最適な解を算出するという機能しかないため、「データ分析」のような分析機能の選択はありません。しかも、Excel「データ分析」の回帰分析と

Excel「ソルバー」の回帰分析の結果が微妙に異なることがあります。計算ロジックが異なるからです。そのため、両方で同じデータで回帰分析を実施した場合、微妙に結果が異なったとしても、あまり気をもむ必要はありません。

■　PythonやRの力を借りてExcelのデータ分析機能を強化する

Excel「データ分析」でできるデータ分析は限られています。回帰分析で考えると、単回帰・重回帰と呼ばれるものしかできません。これはこれで、色々なデータ分析で活用できますが、限界もあります。

第2章で紹介したポアソン回帰やロジスティック回帰、主成分回帰PCR、部分最小二乗回帰PLS、Ridge回帰、Lasso回帰、Elastic Net回帰などは実施できません。頑張れば、「ソルバー」や「VBA」でできるかもしれません。もう少し手軽に実施したいものです。

無料で使えるデータ分析ツールに、Julia や Python、R などがあると説明しました。例えば、Python には Excel と連携し動く機能があります。その機能を上手く使うことで、Excel 上から Python の分析機能を活用することができます。

つまり、Python を上手く活用すれば、ポアソン回帰やロジスティック回帰などといった回帰分析は、比較的簡単に実施することができます。それを、Excel 上で実施することができるのです。Excel と R も連携できます。いくつかやり方があります。興味のある方はインターネットなどで調べていただければと思います。

正直、Excel と連携せず Python や R で直接データ分析を実施したほうが、楽です。

しかし、データ分析を活用する現場の方に、Python や R を活用して頂くにはハードルが高いケースが多いので、アプリを作るか、BI ツールと連携して使うか、Excel と連携して使うか、という選択になるかと思います。

ですので、現場で活用する方は Excel をインターフェースに、データサイエンティストやデータ分析者、機械学習エンジニアなどが構築した異常検知や予測モデルなどの数理モデルの恩恵が受けられるようにする使い方がいいかと思います。

4-2. Excel「データ分析」で回帰分析を実施する

■ データセット

Excel「データ分析」を使った、回帰分析の手順を説明します。それほど難しいものではありません。

回帰分析を実施するとき、目的変数 Y と説明変数 X のデータを準備しておく必要があります。ここでは、目的変数 Y のデータと説明変数 X のデータを合わせたものを「データセット」と呼びます。

まず、例で利用するデータセット（Excel ファイル：Exercise4-2-1.xlsx）について簡単に説明します。

例で利用するデータセットの変数

変数	意味	目的変数 Y	説明変数 X	備考
date	年月日			
y	売上	✔		1 日の売上（日販）
x1	平均気温		✔	
x2	降水量		✔	
x3	平均値引き率		✔	
x4	チラシ配布量 （有効日ベース）		✔	チラシを新聞に折り込み撒いたのが 金曜日で、チラシの有効日が休日
d_mon	月曜日ダミー		✔	
d_tue	火曜日ダミー		✔	
d_wed	水曜日ダミー		✔	
d_thu	木曜日ダミー		✔	曜日ダミー変数グループ
d_fri	金曜日ダミー		✔	
d_sat	土曜日ダミー		✔	
d_sun	日曜日ダミー		✔	

　曜日ダミー変数グループとは、「曜日に関するダミー変数」を指しています。「曜日に関するダミー変数」は、「月曜日ダミー変数」「火曜日ダミ

一変数」「水曜日ダミー変数」「木曜日ダミー変数」「金曜日ダミー変数」
「土曜日ダミー変数」「日曜日ダミー変数」の7つあることになります。

これらの「曜日に関するダミー変数」は「1」か「0」の値しかとりません。例えば「水曜日ダミー変数」の場合には、水曜日の場合には「1」、それ以外の曜日には「0」になります。

このように、質的データ（カテゴリカルデータ）をダミー変数化（0-1データ化）して使うことはよくあります。

例で利用するデータセットの一部

	A	B	C	D	E	F	G	H	I	
1	date	y	x1	x2	x3	x4	d_mon	d_tue	d_wed	
2	2016/6/6	2711199	18.3	0	0.006	0	1	0	0	
3	2016/6/7	3277070	19.8	0.9	0.002	0	0	1	0	
4	2016/6/8	2124999	22.8	0.5	0.002	0	0	0	1	
5	2016/6/9	2623474	23.1	7	0.005	0	0	0	0	
6	2016/6/10	3024430	22.2	0	0.003	0	0	0	0	
7	2016/6/11	4428950	22.1	0	0.287	60000	0	0	0	
8	2016/6/12	4946739	22.1	0	0.257	60000	0	0	0	
9	2016/6/13	1958831	18.8	79.8	0.004	0	1	0	0	
10	2016/6/14	2820552	22.9	0	0.004	0	0	1	0	
11	2016/6/15	3053229	19.3	0	0.003	0	0	0	1	

このような「曜日に関するダミー変数」は、曜日によって回帰分析で求めた回帰式の定数（切片）が曜日によって異なることを表現しています。そのため、回帰分析を実施するとき、「定数（切片）なし」の回帰分析を実施することになります。なぜならば、「曜日に関するダミー変数」が定数（切片）を担っているからです。

もし、「定数（切片）あり」の回帰分析を実施したいならば、「曜日に関するダミー変数」の中から1つ取り除く必要があります。その曜日が定数（切片）のベースとなって、他の曜日の「曜日に関するダミー変数」が定

数（切片）を増減させる変数となります。ちなみに、どの曜日の「曜日に関するダミー変数」を1つ除いても、回帰分析の予測精度などは変わりません。そのため、1つ取り除く場合には、意味解釈しやすい曜日を1つ選択し除くといいかと思います。

さらに、このようなダミー変数グループが複数ある場合（例：「曜日に関するダミー変数」「月に関するダミー変数」など）には、「定数（切片）あり」の回帰分析を実施したほうがいいでしょう。それぞれのダミー変数グループから1つ取り除き、「定数（切片）あり」の回帰分析を実施する、ということです。この場合も、取り除いた変数が定数（切片）のベースになります。例えば、「曜日に関するダミー変数」から「月曜日ダミー変数」を除き、「月に関するダミー変数」から「1月ダミー変数」を除いた場合、「1月の月曜日」が定数（切片）のベースになります。他のダミー変数は定数（切片）を増減させる変数となります。

ちなみに、「曜日に関するダミー変数」の中から1つ取り除かずに「定数（切片）あり」の回帰分析を強引に実施すると、どうなるでしょうか。データ分析ツールによって、対処の仕方が異なります。よくあるのが「エラーとなり回帰分析ができない」パターンか、「データ分析ツールが自動で1つのダミー変数を取り除き回帰分析を実施する」パターンのどちらかです。Excel「データ分析」の回帰分析は後者で、自動で1つのダミー変数を取り除き回帰分析を実施します。

■ 手順

今回は、変数「date」（年月日）と変数「d_tue」（火曜日ダミー）を使わず、「定数（切片）あり」の回帰分析を実施します。変数「d_tue」（火曜日ダミー）を除外したのは、今回の例で利用する小売店が、火曜日始まりで1週間を運用しているからです。1週間の始まりをベースにするという考えです。そのため、回帰分析の結果から求められた定数（切片）は、「火曜日」の売上がベースになっています。

では、Excel「データ分析」を使い回帰分析を実施していきます。

まず、使わないデータを取り除きましょう。今回のケースでは、変数「date」（年月日）と変数「d_tue」（火曜日ダミー）のデータです。単純に、Excel 上から削除するだけです。ただし、削除前の元のデータは別の Excel ファイルか別シートに保存しておきましょう。

回帰分析で利用する変数

変数	意味	目的変数 Y	説明変数 X	備考
y	売上	✔		1日の売上（日販）
x1	平均気温		✔	
x2	降水量		✔	
x3	平均値引き率		✔	
x4	チラシ配布量（有効日ベース）		✔	チラシを新聞に折り込み撒いたのが金曜日で、チラシの有効日が休日
d_mon	月曜日ダミー		✔	
d_wed	水曜日ダミー		✔	
d_thu	木曜日ダミー		✔	曜日ダミー変数グループ（火曜日ダミーは除外）
d_fri	金曜日ダミー		✔	
d_sat	土曜日ダミー		✔	
d_sun	日曜日ダミー		✔	

　今回の回帰分析の例で利用するデータセット（Excel ファイル：
Exercise4-2-1.xlsx）は、次にようになります。

回帰分析で利用するデータセットの一部

	A	B	C	D	E	F	G	H	I	J	K
1	y	x1	x2	x3	x4	d_mon	d_wed	d_thu	d_fri	d_sat	d_sun
2	2711199	18.3	0	0.006	0	1	0	0	0	0	0
3	3277070	19.8	0.9	0.002	0	0	0	0	0	0	0
4	2124999	22.8	0.5	0.002	0	0	1	0	0	0	0
5	2623474	23.1	7	0.005	0	0	0	1	0	0	0
6	3024430	22.2	0	0.003	0	0	0	0	1	0	0
7	4428950	22.1	0	0.287	60000	0	0	0	0	1	0
8	4946739	22.1	0	0.257	60000	0	0	0	0	0	1
9	1958831	18.8	79.8	0.004	0	1	0	0	0	0	0
10	2820552	22.9	0	0.004	0	0	0	0	0	0	0

⋮

　このデータセットを使い、Excel「データ分析」の回帰分析の手順を説
明します。
　先ほど説明したように、Excel のメニューの［データ］をクリックする
と、［データ］のリボン（ツールバー）が表示されます。リボン（ツール
バー）の右端に表示された「データ分析」をクリックすると、「データ分
析」の「分析ツール」の画面（分析機能の選択画面）が立ち上がります。
　Excel「データ分析」の「分析ツール」の画面（分析機能の選択画面）
が立ち上がったら、その中から「回帰分析」を選択します。「回帰分析」
を選択すると、「回帰分析」の「ウィンドウ」（回帰分析の設定画面）が表
示されます。

回帰分析	? ✕

入力元

入力 Y 範囲(Y): [　　　　　　　] ⬆

入力 X 範囲(X): [　　　　　　　] ⬆

☐ ラベル(L)　　　☐ 定数に 0 を使用(Z)

☐ 有意水準(O)　　95　%

OK

キャンセル

ヘルプ(H)

出力オプション

○ 一覧の出力先(S): [　　　　　　] ⬆

◉ 新規ワークシート(P): [　　　　　]

○ 新規ブック(W)

残差

☐ 残差(R)　　　　　☐ 残差グラフの作成(D)

☐ 標準化された残差(T)　☐ 観測値グラフの作成(I)

正規確率

☐ 正規確率グラフの作成(N)

　　今回は、次のように目的変数 Y と説明変数 X などを設定し、回帰分析を実施し、［OK］ボタンをクリックします。目的変数 Y は「A 列」、説明変数 X は「B 列から K 列」となります。

● 入力 Y 範囲（Y）: $A$1:$A$141
● 入力 X 範囲（X）: $B$1:$K$141
● ラベル（L）: チェックを入れる
● 残差（R）: チェックを入れる

回帰分析の設定例

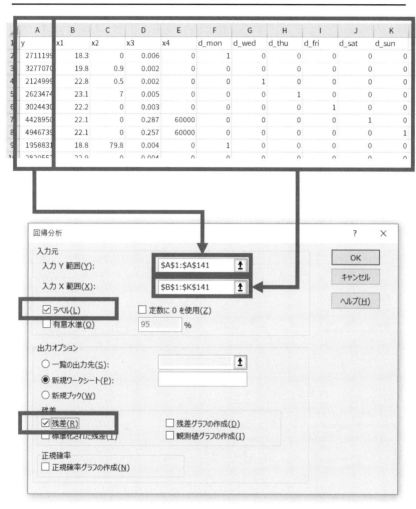

回帰分析を実施すると、その結果が別シートに出力されます。このシートから、回帰式などを知ることができます。回帰式のパラメータ（定数と係数）を使い将来を予測するための回帰式（予測モデル）などを作ることができます。各係数のp値というものを使うことで、各係数に対し統計的仮説検定（帰無仮説：係数は0、対立仮説：係数は0ではない）を実施することができ、比較をするときの検討に活用することができます。

Excel「データ分析」の回帰分析の出力

　以上が、Excel「データ分析」を使った回帰分析の簡単な流れになります。

　Excel「データ分析」を使った回帰分析には、いくつか弱点があります。先ほども述べましたが、単回帰・重回帰と呼ばれる単純な回帰分析しか実施できないという弱点があります。そのため、ロジスティック回帰やRidge 回帰などは実施できません。さらに、説明変数が複数ある重回帰分析を実施するとき、説明変数の数が 16 個までという制約があります。

　このような弱点を突破する方法は、Excel「ソルバー」で何とかするか、Excel「VBA」で様々な回帰分析のプログラムを実装し何とかするか、ということになります。Excel「VBA」で 1 から回帰分析のプログラムを構築するのは手間がかかるため、Excel「ソルバー」で対応する方が楽です。ただ、Excel「ソルバー」も Excel「データ分析」に比べるとややハードルがあります。回帰分析の数理的な理解が必要になるからです。Excel「ソルバー」を使いこなせるようになると、Excel の数理モデルを構築するときの幅が広がりますので、知っていると非常に便利です。

　次に、別の店舗のデータセット（Excel ファイル：Exercise4-2-2.xlsx）で同じように回帰分析を実施してみます。
　そのアウトプットは次のようになりました。

別の店舗の Excel「データ分析」の回帰分析の出力

	A	B	C	D	E	F	G	H	I
1	概要								
2									
3		回帰統計							
4	重相関 R	0.988928							
5	重決定 R2	0.977978							
6	補正 R2	0.976271		変数「X4」（チラシ配布量）の係数が					
7	標準誤差	153305.6		マイナスになっています					
8	観測数	140							
9									
10	分散分析表								
11		自由度	変動	分散	測された分	有意 F			
12	回帰	10	1.35E+14	1.35E+13	572.877	1E-101			
13	残差	129	3.03E+12	2.35E+10					
14	合計	139	1.38E+14						
15									
16		係数	標準誤差	t	P-値	下限 95%	上限 95%	下限 95.0%	上限 95.0%
17	切片	2314492	92958.46	24.90081	4.1E-51	2130591	2498393	2130591	2498393
18	x1	-4861.62	3486.341	-1.39448	0.165571	-11759.4	2036.189	-11759.4	2036.189
19	x2	-14264.7	711.3119	-20.0541	1.82E-41	-15672.1	-12857.4	-15672.1	-12857.4
20	x3	6016075	735759	8.176692	2.38E-13	4560358	7471792	4560358	7471792
21	x4	-1.80099	6.550054	-0.27496	0.783788	-14.7604	11.15845	-14.7604	11.15845
22	d_mon	118769.7	48529.81	2.447356	0.015736	22752.31	214787.1	22752.31	214787.1
23	d_wed	7703.045	49076.91	0.156959	0.875523	-89396.8	104802.9	-89396.8	104802.9
24	d_thu	-59457.2	48488.82	-1.2262	0.222355	-155394	36479.09	-155394	36479.09
25	d_fri	37296.23	49187.11	0.758252	0.449683	-60021.7	134614.1	-60021.7	134614.1
26	d_sat	667327	71917.6	9.27905	5.22E-16	525036.3	809617.8	525036.3	809617.8
27	d_sun	744281.8	73808.25	10.08399	5.47E-18	598250.4	890313.2	598250.4	890313.2
28									

　当然ながら回帰分析の出力は異なります。別の店舗だから当然といえば当然です。しかし、このアウトプットには問題があります。

　問題なのは「係数のプラスとマイナスの符号」です。先ほどの店舗と異なり、変数「X4」（チラシ配布量）の係数がマイナスになっています。要するに、チラシを撒けば巻くほど売上が落ちるということになります。売上を上げるためにチラシを撒くのに、売上が下がるのですから問題です。本当にそうなのであれば新発見ですが、この場合には別の問題が起きています。

　それはマルチコ（マルチコリニアリティ、multicollinearity、多重共線
性）と呼ばれるものです。これは、回帰分析の古典的な問題で、説明変数
X 同士に強い相関関係がある場合に起こります。広告や販売促進系の施策
は、同時期に施策を実施することが多く、マルチコの問題がよく起こりま
す。

　このような問題に対処するためには、例えば Ridge 回帰などを実施す
る必要があります。

4-3. Excel「ソルバー」で回帰分析を実施する

■　重回帰分析

　先ほど説明した Excel「データ分析」の回帰分析と同じことを、同じデ
ータセットで実施することで、Excel「ソルバー」の使い方を簡単に説明
します（Excel ファイル：Exercise4-3-1.xlsx）。ただし、このデータセッ
トを使った回帰分析はマルチコの問題が起きます。

　Excel「ソルバー」で回帰分析を実施するとき、Excel 上で準備が必要
になります。例えば、次のようなシートを作ります。

■ 元のデータセット

	A	B	C	D	E	F	G	H	I	J	K
1	y	x1	x2	x3	x4	d_mon	d_wed	d_thu	d_fri	d_sat	d_sun
2	252925	18.3	0	0.006	0	1	0	0	0	0	0
3	234877	19.8	0.9	0.002	0	0	0	0	0	0	0
4	2008039	22.8	0.5	0.002	0	0	1	0	0	0	0
5	2251856	23.1	7	0.005	0	0	0	1	0	0	0
6	2078528	22.2	0	0.003	0	0	0	0	1	0	0
7	4006969	22.1	0	0.287	30000	0	0	0	0	1	0
8	4710584	22.1	0	0.257	30000	0	0	0	0	0	1
9	132116	18.8	79.8	0.004	0	1	0	0	0	0	0
10	236497	22.9	0	0.004							

■ Excel「ソルバー」用のデータセット

	A	B	C	D	E	F	G	H	I	J	K	L	M	N	O	P
1						パラメータ										
2		0	0	0	0	0	0	0	0	0	0	0		推定値		
3	目的変数				説明変数											
4	y	切片	x1	x2	x3	x4	d_mon	d_wed	d_thu	d_fri	d_sat	d_sun		y	誤差の2乗	誤差の2乗の合計
5	252925	1	18.3	0	0.006	0	1	0	0	0	0	0		0	6.4E+12	1146369540853620
6	234877	1	19.8	0.9	0.002	0	0	0	0	0	0	0		0	5.5E+12	
7	2008039	1	22.8	0.5	0.002	0	0	1	0	0	0	0		0	4E+12	
8	2251856	1	23.1	7	0.005	0	0	0	1	0	0	0		0	5.1E+12	
9	2078528	1	22.2	0	0.003	0	0	0	0	1	0	0		0	4.3E+12	
10	4006969	1	22.1	0	0.287	30000	0	0	0	0	1	0		0	1.6E+13	
11	4701584	1	22.1	0	0.257	30000	0	0	0	0	0	1		0	2.2E+13	

切片（定数）の列を追加し全て「1」にする

　「パラメータ」と記載されているのが、回帰式の「切片（定数）」と各説明変数の「係数」になります。最初は初期値を入力しておきます。例えば、すべて「0」の値を入力しておきます。さらに、目的変数 Y の「推定値」、目的変数 Y の実測値と推定値の「誤差の 2 乗」、すべての誤差の 2 乗を足した「誤差の 2 乗の合計」などを設定します。例えば、次にようになります。

最小二乗法で回帰式を求めるための設定例

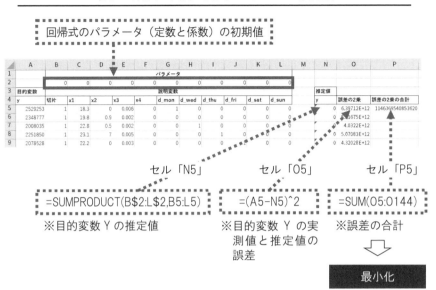

　このシートで変化するのは「パラメータ」と記載されている切片（定数）と説明変数 X の係数の部分です。

　この「パラメータ」を変化させながら、目的変数 Y の実測値と推定値の誤差が最も小さくなる「パラメータ」を探します。つまり、目的変数 Y の実測値と推定値の誤差が最も小さくなる「パラメータ」が、Excel「ソルバー」で実施する回帰分析の結果になります。これは、目的変数 Y の実測値と推定値の誤差を最小化しているため、最小二乗法と呼ばれています。

　Excel「ソルバー」を起動し、次にように設定します。

● 目的セルの設定：$P$5
● 目標値：［最小値］にチェックを入れる
● 変数セルの変更：$B$2:$L$2

● 制約のない変数を非負数にする：チェックを入れない（外す）
● 解決方法の選択：GRG 非線形

さらに、オプションの設定をします。

[オプション] を選択し、タブ [すべての方法] をクリックします。次にように設定します。

● 自動サイズ調整を使用する：チェックを入れない（外す）

次に、タブ [GRG 非線形] をクリックし、次にように設定します。

● 微分係数：[中央] を選択する
● マルチスタートを使用する：チェックを入れる
● 変数の上下限を必須にする：チェックを入れない（外す）

この本の中で Excel「ソルバー」で回帰分析をするとき、このようなオプション設定を必ず行います。以後説明は省きますが、このような設定を行っていることを前提に話を進めます。

Excel「ソルバー」での設定例

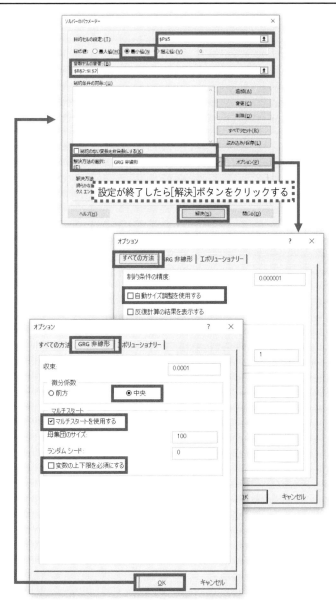

設定が終了したら[解決]ボタンをクリックする

設定が終了したら、[ソルバーのパラメータ] の画面上の [解決] ボタンをクリックします。

　計算が終了すると、次のような画面が出力されます。そこで、[OK] ボタンをクリックし終了します。

計算が終了すると表示される画面

　アウトプットは次のようになりました。

Excel「ソルバー」で計算した回帰式の切片（定数）と各説明変数の係数

	A	B	C	D	E	F	G	H	I	J	K	L	M	N	O	P
1							パラメータ									
2		2314492	-4862	-14265	6016075	-2	118770	7703	-59457	37296	667327	744282				
3	目的変数						説明変数							推定値		
4	y	切片	x1	x2	x3	x4	d_mon	d_wed	d_thu	d_fri	d_sat	d_sun		y	誤差の2乗	誤差の2乗の合計
5	2529253	1	18.3	0	0.006	0	1	0	0	0	0	0		2380390	22160106621	3031837916688
6	2348777	1	19.8	0.9	0.002	0	0	0	1	0	0	0		2217426	17253196078	
7	2008035	1	22.8	0.5	0.002	0	0	1	0	0	0	0		2216250	43353338498	
8	2251850	1	23.1	7	0.005	0	0	0	1	0	0	0		2072958	32002203871	
9	2078528	1	22.2	0	0.003	0	0	0	0	1	0	0		2261909	33628314307	
10	4006965	1	22.1	0	0.287	30000	0	0	0	0	1	0		4546961	2.91595E+11	

回帰式

$$y = 2314492 - 4862x_1 - 14265x_2 + 6016075x_3 - 2x_4$$
$$+ 118770d_{mon} + 7703d_{wed} - 59457d_{thu}$$
$$+ 37296d_{fri} + 667327d_{sat} + 744282d_{sun}$$

　結果は、Excel「データ分析」の「回帰分析」と同じです。つまり、Excel「ソルバー」を使っても、変数「X4」（チラシ配布量）の係数がマイナスになっており、「係数のプラスとマイナスの符号」が可笑しい状況は変わりません。

■　Ridge 回帰

　先ほど説明した Excel「データ分析」の回帰分析と同じことを、Ridge回帰で実施した例を説明します（Excel ファイル：Exercise4-3-2.xlsx）。Ridge 回帰を実施するには、「正則化項」を加えて最適化する必要があります。ここでは、Ridge回帰そのものに関する詳しい説明は行いません。

　Excel「ソルバー」を使って Ridge 回帰を実施するとき、正則化パラメータ「ラムダ（λ）」と呼ばれるものを設定する必要があります。回帰分析をする人が設定する必要があります。ラムダ（λ）の値が大きいほど正則化項の影響が大きくなります。

　例えば「ラムダ（λ）＝0」にすると、正則化項の影響がなくなり通常

の単回帰/重回帰と同じになります。「ラムダ（λ）＝0」として Ridge 回帰を実施してみます。次のようなシートを作ります。

Ridge 回帰の設定例

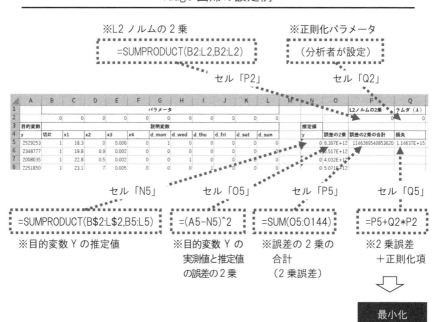

※L2 ノルムの 2 乗
=SUMPRODUCT(B2:L2,B2:L2)

※正則化パラメータ
（分析者が設定）

セル「P2」

セル「Q2」

セル「N5」
=SUMPRODUCT(B$2:L$2,B5:L5)
※目的変数 Y の推定値

セル「O5」
=(A5-N5)^2
※目的変数 Y の
実測値と推定値
の誤差の2乗

セル「P5」
=SUM(O5:O144)
※誤差の 2 乗の
合計
（2 乗誤差）

セル「Q5」
=P5+Q2*P2
※2 乗誤差
＋正則化項

最小化

Excel「ソルバー」を起動し、次にように設定します。

- 目的セルの設定：$Q$5
- 目標値：［最小値］にチェックを入れる
- 変数セルの変更：$B$2:$L$2
- 制約のない変数を非負数にする：チェックを入れない（外す）
- 解決方法の選択：GRG 非線形

オプション設定は、先ほど説明した通りに設定します。

Excel「ソルバー」での設定例

「ラムダ（λ）＝0」として Ridge 回帰を実施した結果は、次にように
なりました。

Excel「ソルバー」で Ridge 回帰した結果

	A	B	C	D	E	F	G	H	I	J	K	L	M	N	O	P	Q
1							パラメータ									L2ノルムの2乗	ラムダ（λ）
2		2314492	-4862	-14265	6016075	-2	118770	7703	-59457	37296	667327	744282				4.25686E+13	0
3	目的変数						説明変数							推定値			
4	y	切片	x1	x2	x3	x4	d_mon	d_wed	d_thu	d_fri	d_sat	d_sun		y	誤差の2乗	誤差の2乗の合計	損失
5	2529253	1	18.3	0	0.006	0	0	0	0	0	0	0		2380390	2.216E+10	3031837916688	3.03184E+12
6	2348777	1	19.8	0.9	0.002	0	0	0	0	0	0	0		2217426	1.725E+10		
7	2008035	1	22.8	0.5	0.002	0	0	1	0	0	0	0		2216250	4.335E+10		
8	2251850	1	23.1	7	0.005	0	0	0	1	0	0	0		2072958	3.2E+10		

先ほどの結果とほぼ同じになり、変数「X4」（チラシ配布量）の係数がマイナスになっており、「係数のプラスとマイナスの符号」が可笑しい状況が再現されました。

このラムダ（λ）の設定の仕方には、色々なやり方があるかと思いますが、今回はラムダ（λ）を次のように計算し、Ridge 回帰のラムダ（λ）を設定しました。

● ラムダ（λ）＝ セル「P5」÷セル「P2」

セル「P5」（誤差の 2 乗の合計）とセル「P2」（L2 ノルム）の値は、「ラムダ（λ）＝0」で Ridge 回帰を実施したときの結果です。

このラムダ（λ）の設定は、あくまでも一例です。ラムダ（λ）の設定方法は色々ありますので、ご注意ください。

今回は、次のようにラムダ（λ）を設定しました。

● ラムダ（λ）＝ 0.07122235

正則化パラメータ「ラムダ（λ）」の設定例

	A	B	C	D	E	F	G	H	I	J	K	L	M	N	O	P	Q
1						パラメータ										L2ノルムの2乗	ラムダ（λ）
2		2314492	-4862	-14265	6016075	-2	118770	7703	-59457	37296	667327	744282				4.25685E+	0.07122235
3	目的変数						説明変数							検定値			
4	y	切片	x1	x2	x3	x4	d_mon	d_wed	d_thu	d_fri	d_sat	d_sun		y	誤差の2乗	誤差の2乗の合計	損失
5	2529253	1	18.3	0	0.006	0	0	1	0	0	0	0		2380390	2.216E+10	3031837916688	6.0636E+12
6	2348777	1	19.8	0.9	0.002	0	0	0	0	0	0	0		2217426	1.725E+10		
7	2008035	1	22.8	0.5	0.002	0	0	0	1	0	0	0		2216250	4.335E+10		
8	2251850	1	23.1	7	0.005	0	0	0	0	1	0	0		2072958	3.2E+10		
9	2078528	1	22.2	0	0.003	0	0	0	0	0	1	0		2261908	2.916E+10		
10	4006965	1	22.1	0	0.287	30000	0	0	0	0	1	0		4546961	2.916E+11		
11	4701584	1	22.1	0	0.257	30000	0	0	0	0	0	1		4443433	6.664E+10		

「ラムダ（λ）＝0.07122235」として Ridge 回帰を実施した結果は、次にようになりました。

Excel「ソルバー」で正則化パラメータ「ラムダ（λ）」を設定し Ridge 回帰した結果

回帰式

$$y = 2234033 - 992x_1 - 14301x_2 + 2262713x_3 + 31x_4$$
$$+ 122165d_{mon} + 10877d_{wed} - 56845d_{thu}$$
$$+ 43358d_{fri} + 649189d_{sat} + 658105d_{sun}$$

　マルチコの影響による、変数「X4」（チラシ配布量）の係数がマイナスになる現象は回避されたようです。

　説明変数 X 同士の相関が高いケースの多い、マーケティングの世界で重宝される Ridge 回帰について説明しました。このように、説明変数 X 同士の相関が高い場合に起こるマルチコという現象による悪影響を緩和し、パラメータ（定数と係数）も求めることができます。

　このような数理モデル（回帰式）を構築した場合、予測に使うことはよくあります。

　予測用の数理モデル（予測モデル）を構築する場合、ホールドアウト法やクロスバリデーション法などで精度検証を実施したほうがいいでしょう。

　今回の例で使用しているデータセットは、140 日間の時系列のデータです。一番簡単なのは「ある時点」でデータを 2 つに分割し、学習データとテストデータに分けることです。「ある時点」でデータを 2 つに分割するため、「ある時点」より古い側の 70 日間のデータに対し、回帰分析を実施し予測モデルを構築します。この予測モデルを使い、「ある時点」より

新しい側の 70 日間の日販の予測を実施します（Excel ファイル：
Exercise4-3-3.xlsx）。今回は、説明変数 X はあらかじめ分かっているもの
とします。通常は計画値もしくは予測値が説明変数 X の値になります。

予測モデルの精度検証のためにデータを 2 つに分割する

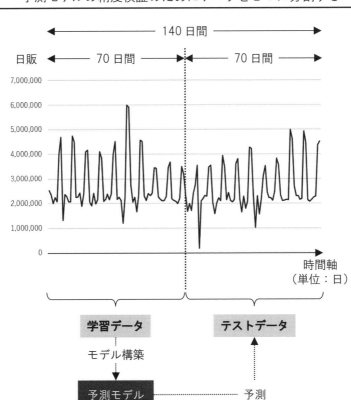

「ある時点」より古い側の 70 日間のデータを使い回帰分析を実施した
結果、次のようになりました。

学習データ（「ある時点」より古い側の 70 日間のデータ）で Ridge 回帰をした結果

▲	A	B	C	D	E	F	G	H	I	J	K	L	M	N	O	P	Q
1					パラメータ											L2ノルムの2乗	ラムダ（λ）
2		2148737	2295	-12475	1339450	43	91186	53535	-79145	60619	607411	664929				7.24356E+12	0.049065353
3	目的変数				説明変数									推定値			
4	y	切片	x1	x2	x3	x4	d_mon	d_wed	d_thu	d_fri	d_sat	d_sun		y	誤差の2乗	誤差の2乗の合計	損失
5	2529253	1	18.3	0	0.006	0	1	0	0	0	0	0		2289959	5.726E+10	2117687832334	2.4731E+12
6	2348777	1	19.8	9	0.002	0	0	0	0	0	0	0		2185630	2.662E+10		
7	2008035	1	22.8	5	0.002	0	0	1	0	0	0	0		2251040	5.905E+10		
8	2251850	1	23.1	7	0.005	0	0	0	1	0	0	0		2041976	4.405E+10		
9	2078528	1	22.2	0	0.003	0	0	0	0	1	0	0		2264325	3.452E+10		

回帰式

$$y = 2148737 + 2295x_1 - 12475x_2 + 1339450x_3 + 43x_4$$
$$+ 91186d_{mon} + 53535d_{wed} - 79145d_{thu}$$
$$+ 60619d_{fri} + 607411d_{sat} + 664929d_{sun}$$

テストデータ（「ある時点」より新しい側の 70 日間のデータ）の日販を予測

　求めた予測モデルを使い、「ある時点」より新しい側の 70 日間のデータの日販を予測します。

テストデータ（「ある時点」より新しい側の 70 日間のデータ）の日販を予測

▲	A	B	C	D	E	F	G	H	I	J	K	L	M	N
1					パラメータ									
2		2148737	2295	-12475	1339450	43	91186	53535	-79145	60619	607411	664929		
3	目的変数				説明変数									予測値
4	y	切片	x1	x2	x3	x4	d_mon	d_wed	d_thu	d_fri	d_sat	d_sun		y
5	2333688	1	28.3	2.1	0.005	0	1	0	0	0	0	0		2285371
6	1680072	1	28.1	45.6	0.006	0	0	0	0	0	0	0		1652382
7	1986744	1	30	5.7	0.003	0	0	0	1	0	0	0		2204031
8	1703893	1	27.7	20.4	0.006	0	0	0	0	0	0	0		1886701

セル「N5」

=SUMPRODUCT(B$2:L$2,B5:L5)

※目的変数 Y の予測値

結果を、次のような実測値と予測値の折れ線グラフで表現してみました。

テストデータの実測値と予測値

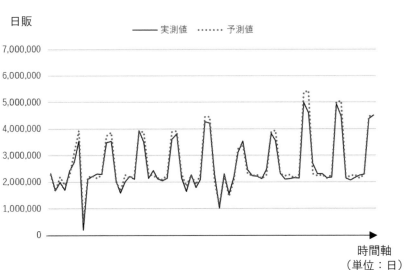

折れ線グラフを見る限り、実測値と予測値が大きく乖離していないため、精度が悪いわけではないことが分かります。予測精度を数値で把握するために、今回は MAPE（Mean absolute percentage error、平均絶対パーセント誤差）で計算してみました。MAPE は「8%」でした。「予測値が実測値から平均して 8%ずれている」ということです。

MAPE を計算する

	A	B	C	D	E	F	G	H	I	J	K	L	M	N	O	P	Q
1							パラメータ										
2		2148737	2295	-12475	1339450	43	91186	53535	-79145	60619	607411	664929					
3	目的変数					説明変数								予測値		日単位	
4	y	切片	x1	x2	x3	x4	d_mon	d_wed	d_thu	d_fri	d_sat	d_sun		y		絶対誤差率	MAPE
5	2333688	1	28.3	2.1	0.005	0	1	0	0	0	0	0		2285371		2%	8%
6	1680072	1	28.1	45.6	0.006	0	0	0	0	0	0	0		1652382		2%	
7	1986744	1	30	5.7	0.003	0	0	1	0	0	0	0		2204031		11%	
8	1703893	1	27.7	20.4	0.006	0	0	0	1	0	0	0		1888701		11%	

セル「P5」 セル「Q5」

=ABS(N5-A5)/A5

※絶対誤差率

=AVERAGE(P5:P74)

※MAPE
絶対誤差率の平均

　実際は、実運用することを想定し、現場の運用に沿った精度検証を実施した方がいいでしょう。このデータのケースでは、70 日間を予測するのではなく、現場での 2 週間（14 日間）を予測するため、例えば次のようなデータセットをいくつか作り、精度検証を実施しました。

データセットのパターン例

パターン	学習データ (70 日間)	テストデータ (14 日間)	
データセット 1	2016/6/7 ～2016/8/15	2016/8/16 ～2016/8/29	→ モデル構築 → 予測 → 精度評価
データセット 2	2016/6/14 ～2016/8/22	2016/8/23 ～2016/9/5	→ モデル構築 → 予測 → 精度評価
データセット 3	2016/6/21 ～2016/8/29	2016/8/30 ～2016/9/12	→ モデル構築 → 予測 → 精度評価
データセット 4	2016/6/28 ～2016/9/5	2016/9/6 ～2016/9/19	→ モデル構築 → 予測 → 精度評価
データセット 5	2016/7/5 ～2016/9/12	2016/9/13 ～2016/9/26	→ モデル構築 → 予測 → 精度評価
データセット 6	2016/7/12 ～2016/9/19	2016/9/20 ～2016/10/3	→ モデル構築 → 予測 → 精度評価
データセット 7	2016/7/19 ～2016/9/26	2016/9/27 ～2016/10/10	→ モデル構築 → 予測 → 精度評価
データセット 8	2016/7/26 ～2016/10/3	2016/10/4 ～2016/10/17	→ モデル構築 → 予測 → 精度評価

総合評価

■ ロジスティック回帰分析

Excel「データ分析」の「回帰分析」では実施できないロジスティック回帰の回帰式を、Excel「ソルバー」を使い導き出すやり方を簡単に説明します。

ここでは、次のようなデータセット（Excel ファイル：Exercise4-3-4.xlsx）を例で使います。

ロジスティック回帰で利用するデータセット

	A	B	C	D	E	F
1	cd	churn	Sales_Visit	Order_Volume	trading_period	Total_Order_Volume
2	K11001	0	0.08236	1.00331	0.32304	0.78031
3	K11002	0	-0.25618	1.10700	0.75575	1.25219
4	K11003	0	1.09797	-0.71526	-1.29960	-0.85676
5	K11004	0	-0.82040	-0.85819	-0.86690	-0.84875
6	K11005	0	1.54935	1.28355	0.75575	1.41581
7	K11006	0	-0.25618	-0.12185	0.75575	-0.02929
8	K11007	0	0.19521	-0.81797	-1.08325	-0.84875
9	K11008	0	1.54935	1.15464	0.97210	1.45205

　目的変数 Y として「churn（離脱の有無）」を使います。このデータセットの各変数の説明は、次のようになります。

ロジスティック回帰で利用する変数

変数	意味	目的変数 Y	説明変数 X	備考
cd	顧客企業コード			
churn	離脱の有無	✔		1：離脱、0：継続
Sales_Visit	年間訪問回数		✔	標準化データ
Order_Volume	年間取引金額		✔	※標準化データとは、
trading_period	取引年数		✔	元のデータを平均で引き標準偏差で
Total_Order_Volume	総取引金額		✔	割ったデータ

ここで尤度という統計の概念が登場します。理解の妨げになる方は、以下は無視して読み進めていただければと思います。一方、興味のある方は、数理統計学の教科書などを参考にしていただければと思います。

　ここでは、Excel「ソルバー」を使い、この尤度を最大化にするパラメータ（定数と係数）を求めます。最尤法といわれる方法です。この本の中では詳しく説明しません。ちなみに、単回帰/重回帰の場合、先ほどの最小二乗法と最尤法の結果は一致します。

　要するに、最尤法と呼ばれるアルゴリズムで求められる回帰式の場合は、少なくとも尤度を求める数式さえ分かれば、重回帰やロジスティック回帰に限らず、パラメータ（定数と係数）も求めることができるのです。

　例えば、次のようなシートを作ります。

ロジスティック回帰の設定例

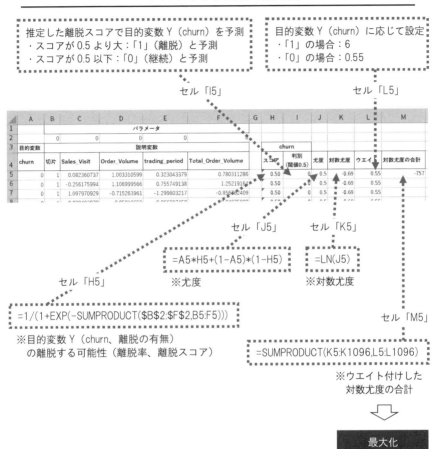

推定した離脱スコアで目的変数 Y（churn）を予測
・スコアが 0.5 より大：「1」（離脱）と予測
・スコアが 0.5 以下：「0」（継続）と予測

目的変数 Y（churn）に応じて設定
・「1」の場合：6
・「0」の場合：0.55

セル「I5」

セル「L5」

セル「J5」

セル「K5」

=A5*H5+(1-A5)*(1-H5)

=LN(J5)

※尤度

※対数尤度

セル「H5」

=1/(1+EXP(-SUMPRODUCT($B$2:$F$2,B5:F5)))

※目的変数 Y（churn、離脱の有無）
の離脱する可能性（離脱率、離脱スコア）

セル「M5」

=SUMPRODUCT(K5:K1096,L5:L1096)

※ウエイト付けした
対数尤度の合計

最大化

　「離脱」と「継続」の件数が大きく異なるため、対数尤度を合計すると
きウエイト付けています。このようなウエイト付けは、必ずすべきという
わけではありませんが、今回は目的変数 Y（churn、離脱の有無）を予測
するときの閾値として、推定した離脱スコア「0.5」（離脱確率 0.5）を用
いるため、このようなウエイトを付けています。

今回は、次のように計算しウエイトを求めています。目的変数 Y（churn、離脱の有無）が「1」（離脱）の場合には、「全データの半数」（例：546）を「『1』のデータ件数」（例：91 件）で割り求めます（例：546÷91≒6）。目的変数 Y（churn、離脱の有無）が「0」（継続）の場合には、「全データの半数」（例：546）を「『0』のデータ件数」（例：1001件）で割り求めます（例：546÷1001＝0.55）。

- 目的変数 Y「churn」（離脱の有無）が「1」（離脱）の場合のウエイト：6
- 目的変数 Y「churn」（離脱の有無）が「0」（継続）の場合のウエイト：0.55

このような設定をし、ロジスティック回帰の回帰式を求めていきます。

Excel「ソルバー」を起動し、次のように設定します。

- 目的セルの設定：$M$5
- 目標値：［最大値］にチェックを入れる
- 変数セルの変更：$B$2:$F$2
- 制約のない変数を非負数にする：チェックを入れない（外す）
- 解決方法の選択：GRG 非線形

オプション設定は、先ほど説明した通りに設定します。

Excel「ソルバー」での設定例

ロジスティック回帰を実施した結果は、次のようになりました。

Excel「ソルバー」でロジスティック回帰した結果

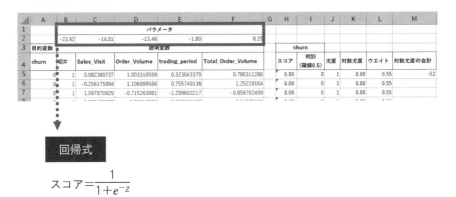

回帰式

$$スコア = \frac{1}{1+e^{-z}}$$

$$Z = -23.92 - 14.01 \times Sales\ Vist - 13.46 \times Order\ Volume$$
$$-1.80 \times trading\ period + 8.29 \times Total\ Order\ Volume$$

今回構築した数理モデル（回帰式）の正答率や精度などを計算するため、次のような混同行列（Confusion Matrix）を作り求めました。

混同行列（Confusion Matrix）

		予測	
		継続	離脱
実測	継続	True Negative (TN) **978**	False Positive(FP) **23**
	離脱	False Negative(FN) **0**	True Positive(TP) **91**

- 正答率：(TP＋TN) ÷ (TP＋FN＋FP＋TN) → 98%
- 検出率：TP÷ (TP＋FN) → 100%
- 誤検出率：FP÷ (FP＋TN) → 2%
- 精度：TP÷ (TP＋FP) → 80%

　この例の場合、離脱しそうな顧客を知り離脱対策を打つことで、離脱されることを防ぎたいため、最重要なのは「検出率」になります。実際に離脱した顧客の内、何パーセントを離脱と予測できたのか、という指標です。今回構築した数理モデルでは、100％となっています。

　この数理モデルを使った場合の「精度」は 80％です。「離脱」と予測した顧客の内、20％は「継続」する顧客で、80％が「離脱」する顧客です。約 20％は、離脱対策を打たなくてもいい顧客が混じっていることになります。

　このような数理モデル（回帰式）を構築した場合、予測に使うことはよくあります。

　予測用の数理モデルを構築する場合、ホールドアウト法やクロスバリデーション法などで精度検証を実施したほうがいいでしょう。

　今回はデータを 5 つに分割し実施するクロスバリデーション法を使い精度検証していきます。5 分割のクロスバリデーション法の場合、データセットを 5 つ作り、それぞれのデータセットで混同行列を作り正答率や検出率などを計算します。それを集計し平均値や最大値などを求めます（Excel ファイル：Exercise4-3-5.xlsx）。

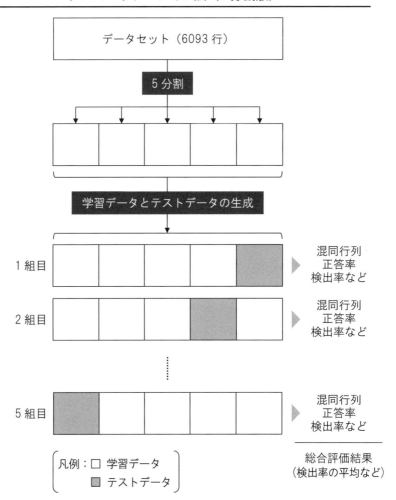

クロスバリデーション法（5分割版）

データセット（6093 行）

5分割

学習データとテストデータの生成

1組目　　　　　　　　　　　　　　　　混同行列
　　　　　　　　　　　　　　　　　　正答率
　　　　　　　　　　　　　　　　　　検出率など

2組目　　　　　　　　　　　　　　　　混同行列
　　　　　　　　　　　　　　　　　　正答率
　　　　　　　　　　　　　　　　　　検出率など

5組目　　　　　　　　　　　　　　　　混同行列
　　　　　　　　　　　　　　　　　　正答率
　　　　　　　　　　　　　　　　　　検出率など

凡例：□ 学習データ　　　　　総合評価結果
　　　■ テストデータ　　　（検出率の平均など）

　元のデータを5分割するため、次のように Excel 上で乱数を発生させる関数を使い各データに番号を振ります。

Excel の関数（RANDBETWEEN）を使いデータに番号を振る例

	A	B	C	D	E	F	G
1	cd	churn	Sales_Visit	Order_Volume	trading_period	Total_Order_Volume	データ分割
2	K11001	0	0.08236	1.00331	0.32304	0.78031	2
3	K11002	0	-0.25618	1.10700	0.75575	1.25219	4
4	K11003	0	1.09797	-0.71526	-1.29960	-0.85676	5
5	K11004	0	-0.82040	-0.85819	-0.86690	-0.84875	3
6	K11005	0	1.54935	1.28355	0.75575	1.41581	4
7	K11006	0	-0.25618	-0.12185	0.75575	-0.02929	2
8	K11007	0	0.19521	-0.81797	-1.08325	-0.84875	2

セル「G5」

=RANDBETWEEN(1,5)

※1 から 5 の間の整数の値を割り振る

　例えば、「1」が割り振られたデータを「テストデータ」とし、「1 以外
（2〜5）」が割り振られたデータを「学習データ」とします。「テストデ
ータ」と「学習データ」は、それぞれ別シートに分けましょう。

元のデータを学習データとテストデータに分割する例

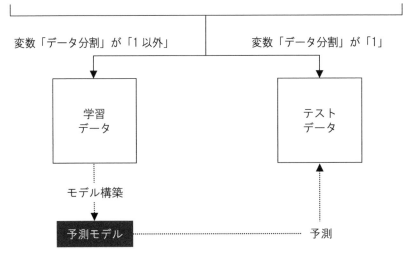

　このように、元のデータから学習データとテストデータのデータセットが作られます。5 分割のクロスバリデーションの場合、5 つのデータセットが作られます。

5分割のクロスバリデーション用のデータセットのパターン例

パターン	学習データ	テストデータ
データセット1	変数「データ分割」が「1以外」のデータ	変数「データ分割」が「1」のデータ
データセット2	変数「データ分割」が「2以外」のデータ	変数「データ分割」が「2」のデータ
データセット3	変数「データ分割」が「3以外」のデータ	変数「データ分割」が「3」のデータ
データセット4	変数「データ分割」が「4以外」のデータ	変数「データ分割」が「4」のデータ
データセット5	変数「データ分割」が「5以外」のデータ	変数「データ分割」が「5」のデータ

　今回は、「データセット1」のみ説明します。

　この学習データを使い予測モデル（回帰式）を構築します。この構築した予測モデル（回帰式）を使い、「学習データ」の「離脱 or 継続」の予測を実施し混同行列を計算します。その結果、次のようになりました。

データセット 1 のテストデータの混同行列（Confusion Matrix）

		予測	
		継続	離脱
実測	継続	True Negative (TN) **178**	False Positive(FP) **6**
	離脱	False Negative(FN) **1**	True Positive(TP) **21**

- 正答率：(TP＋TN) ÷ (TP＋FN＋FP＋TN)　　→　97%
- 検出率：TP÷ (TP＋FN)　　　　　　　　　→　100%
- 誤検出率：FP÷ (FP＋TN)　　　　　　　　→　3%
- 精度：TP÷ (TP＋FP)　　　　　　　　　　→　78%

　他の 4 つのデータセットに対しても、同様に実施していきます。その結果は、次のようになりました。

5 分割のクロスバリデーションの結果

パターン	正答率	検出率	誤検出率	精度
データセット 1	97%	100%	3%	78%
データセット 2	98%	100%	2%	82%
データセット 3	98%	100%	3%	78%
データセット 4	99%	100%	1%	80%
データセット 5	98%	100%	3%	81%

	正答率	検出率	誤検出率	精度
平均値	98%	100%	2%	80%
最大値	99%	100%	3%	82%
最小値	97%	100%	1%	78%

　以上のように、Excel「ソルバー」を使うことで、色々な回帰分析を実施することができます。

　難点として、それぞれの回帰分析の数理的な理解がないと実施できない、ということがあります。例えば、Ridge 回帰の正則化項や、ロジスティック回帰の尤度などの理解です。

　興味のある方は、他の回帰分析もチャレンジしてみてください。

5

Excelのみで
実施した
PPDAC事例

ビールと おむつ
また セット買い￥

5. Excel のみで実施した PPDAC 事例

5-1. 昨年の売上と比べ、今年の売上はどうだろうか？

■ P（Problem）

　ある小売りチェーンのお話です。

　経営企画グループの若手社員が、都心の商業施設に数年前出店した基幹店（分析の「対象店舗」）の、昨年と今年の日販を棒グラフで比較して比べてみました。

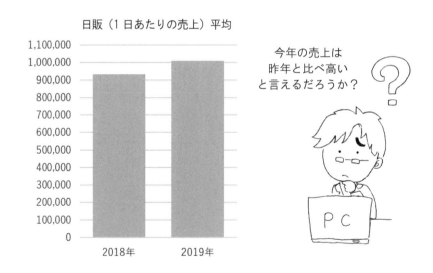

今年の売上は昨年と比べ高いと言えるだろうか？

日販（1 日あたりの売上）平均

今年の売上は
昨年と比べ高い
と言えるだろうか？

　昨年よりも僅かながら売上が上昇しているのですが、「売上アップ！」と言い切ってもよいものか悩んでいました。さらに、他店よりも売上が伸びているのかも気になっていました。

そこで、次の 2 つのデータ分析をすることになりました。

● 昨年と今年の日販平均の比較
● 他店と自店の売上伸長率の比較

基幹店ということもあり、他店に比べお金をかけているため、売上が伸び、さらに類似店舗よりも伸びていることを期待しています。

■　P（Plan）

今回の課題を解決するために構築する数理モデルは次の 2 つです。

● 日販平均の比較モデル（単回帰）
● 売上伸長率の異常検知モデル（単回帰）

今回構築する 2 つの数理モデル（単回帰）

■ 日販平均の比較モデル（単回帰）

目的変数（日販） 説明変数（2019 年フラグ）

$$Y = a + b \times X$$

定数 係数 パラメータ

$X = 0$（2018 年の場合）
$X = 1$（2019 の場合）

■ 売上伸長率の異常検知モデル（単回帰）

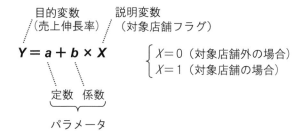

目的変数（売上伸長率） 説明変数（対象店舗フラグ）

$$Y = a + b \times X$$

定数 係数 パラメータ

$X = 0$（対象店舗外の場合）
$X = 1$（対象店舗の場合）

　それぞれの数理モデルで利用するデータを集め、各数理モデルを構築し、「昨年と今年の日販平均の比較」と「他店と自店の売上伸長率の比較」を実施し、実際どうだったのかの結論を出していきます。

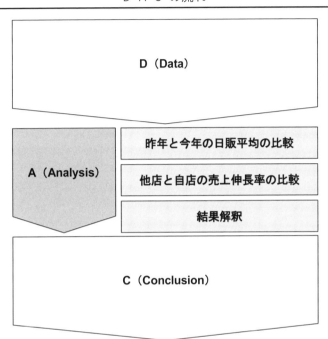

D-A-C の流れ

■　D（Data）

　事例で利用するデータセット（Excel ファイル：Exercise5-1.xlsx）について簡単に説明します。

　「昨年と今年の日販平均の比較」のために、2018 年と 2019 年の売上データをマージしたデータセットを使います。

「昨年と今年の日販平均の比較」で利用するデータの変数

変数	意味	目的変数 Y	説明変数 X	備考
date	日付			年/月/日
year	年			
month	月			
day	日			
sales	日販	✔		1 日の売上
2019 年フラグ			✔	1：2019 年、0：2018 年

　2018 年のデータと 2019 年のデータを識別するために、「2019 年フラグ」変数を作ります。

「昨年と今年の日販平均の比較」で利用するデータセット

	A	B	C	D	E	F
1	date	year	month	day	sales	2019年フラグ
2	2018/1/1	2018	1	1	426479	0
3	2018/1/2	2018	1	2	453741	0
4	2018/1/3	2018	1	3	517194	0
5	2018/1/4	2018	1	4	558947	0
6	2018/1/5	2018	1	5	600689	0
7	2018/1/6	2018	1	6	633495	0
8	2018/1/7	2018	1	7	651877	0

　「他店と自店の売上伸長率の比較」のために、分析の対象店舗以外の店舗の売上伸長率のデータを使います。

「他店と自店の売上伸長率の比較」で利用するデータの変数

5章・Excel のみで実施した PPDAC 事例

変数	意味	目的変数 Y	説明変数 X	備考
店舗ID				
売上伸長率	2018年から2019年の平均日販の伸び率	✔		(今年の日販平均−昨年の日販平均)÷昨年の日販平均
対象店舗フラグ			✔	1：対象店舗 0：対象店舗以外

　売上伸長率は、「売上伸長率＝（今年の日販平均—昨年の日販平均）÷昨年の日販平均」から計算したものです。

「他店と自店の売上伸長率の比較」で利用するデータセット

	A	B	C
1	店舗ID	売上伸長率	対象店舗フラグ
2	5294001	0.083	1
3	8542002	-0.002	0
4	8602003	0.037	0
5	3312004	0.050	0
6	7498005	-0.015	0
7	6144006	-0.094	0
8	2389007	-0.037	0
9	2593008	-0.031	0
10	1260009	0.079	0

■　A（Analysis）

まずは、「昨年と今年の日販平均の比較」です。

「昨年と今年の日販平均の比較」のために準備したデータセットを使い、Excel「データ分析」で回帰分析を実施します。

● 目的変数 Y：日販
● 説明変数 X：2019 年フラグ

Excel「データ分析」の回帰分析の設定は次のようになります。

「昨年と今年の日販平均の比較」のための Excel「データ分析」の回帰分析

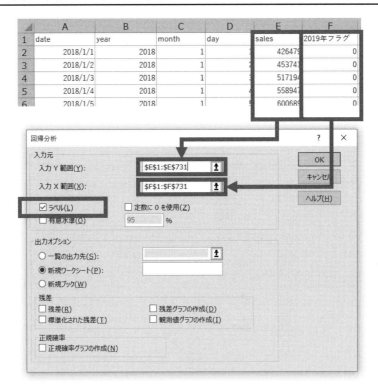

結果は、次のようになりました。

「昨年と今年の日販平均の比較」のための Excel「データ分析」の回帰分析の出力

	A	B	C	D	E
1	概要				
2					
3		回帰統計			
4	重相関 R	0.094397681			
5	重決定 R2	0.008910922			
6	補正 R2	0.007549536			
7	標準誤差	410238.1171			
8	観測数	730			
9					
10	分散分析表				
11		自由度	変動	分散	測された分散
12	回帰	1	1.10157E+12	1.10157E+12	6.545477554
13	残差	728	1.22519E+14	1.68295E+11	
14	合計	729	1.23621E+14		
15					
16		係数	標準誤差	t	P-値
17	切片	933354.1178	21472.84445	43.4667200	1.7991E-204
18	2019年フラグ	77691.81096	30367.18784	2.55841309	0.010716358

変数「2019 年フラグ」の P 値が 0.05
（5%）より小さいため有意と判断

この結果から、昨年と今年の売上に差がありそうなことが分かります。
係数の値がプラスのため、今年の売上の方が高いことが言えます。他の店
舗と比べてどうでしょうか。

次に、「他店と自店の売上伸長率の比較」です。

「他店と自店の売上伸長率の比較」のために準備したデータセットを使

い、Excel「データ分析」で回帰分析を実施します。

● 目的変数 Y：日販
● 説明変数 X：対象店舗フラグ

Excel「データ分析」の回帰分析の設定は次のようになります。

「他店と自店の売上伸長率の比較」のための
Excel「データ分析」の回帰分析の設定例

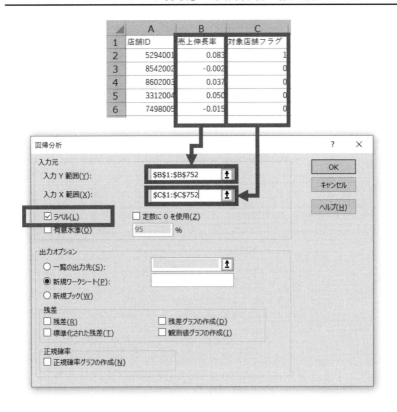

結果は、次のようになりました。

「他店と自店の売上伸長率の比較」のための
Excel「データ分析」の回帰分析の出力

▲	A	B	C	D	E
1	概要				
2					
3		回帰統計			
4	重相関 R	0.051676852			
5	重決定 R2	0.002670497			
6	補正 R2	0.001338949			
7	標準誤差	0.058881405			
8	観測数	751			
9					
10	分散分析表				
11		自由度	変動	分散	測された分散
12	回帰	1	0.00695331	0.00695331	2.005558128
13	残差	749	2.596797829	0.00346702	
14	合計	750	2.603751139		
15					
16		係数	標準誤差	t	P-値
17	切片	-0.00020271	0.002150045	-0.09428093	0.924911212
18	対象店舗フラグ	0.083442081	0.058920646	1.416177294	0.157139324

変数「対象店舗フラグ」の P 値が 0.05
（5%）より大きいため有意でないと判断

　この結果から、自店の売上伸長率が他店と比べ明確に異なるわけではな
さそうなことが分かります。

■ C（Conclusion）

　以上の分析結果から、「昨年よりも今年の売上が高いことが言えそうだが、他店と比べると、この店舗がより伸長したとは言えない」と言えそうです。

　この店舗は、基幹店ということもあり他店に比べお金をかけているにも関わらず、他店以上に売上が伸長していないことを考えると、かけたお金に対するコストパフォーマンスは、あまり良くありません。課題点がどこにあるのか、基幹店としてどのような役割を担うべきなのか、これ以上の深堀分析を実施することになりました。

5-2. 先月のキャンペーンの影響はどうだろうか？

■ P（Problem）

　ある外資系自動車メーカーの販社です。

　ハイブリッドなどの次世代自動車の市場が拡大する中、自家用車の買い替え時に自社の次世代自動車への乗り換えを促すことを念頭に活動してきました。キャンペーンそのものは、3月・6月・9月・12月と例年通りのタイミングで実施し、このタイミングは当面は変える予定はありません。

　マーケティング担当者は、他社からの乗り換えを加速するため、2018年1月から今までとテーストの異なるキャンペーンを企画し実行しました。

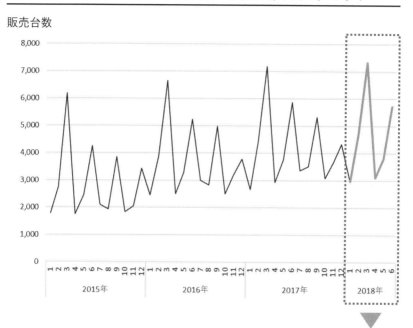

今年（2018 年 1 月〜）の営業・販促の滑り出し、どう？

販売台数

いまだかつてない　成果がでた！
それとも、例年通り　だった…
いまだかつてないぐらい　成果がなかった ……

　販売台数は 2018 年も伸長し好調でしたが、2018 年 1 月から開始した今までとテーストの異なるキャンペーンは、本当に効果があったのかが不明瞭でした。

　なぜならば、効果があるならば、2018 年にもっと販売台数が伸びてもよさそうであるが、現実は伸びが鈍化しているようにも見えたからです。

　そこで、蓄積したデータからキャンペーンの良し悪しが判断できないかという意見が上がりました。

データ分析を実施し、2018 年 1 月から今までとテーストの異なるキャンペーンの効果は……

- あったのか？
- なかったのか？
- 逆に悪化したのか？

……そのことをデータで判断するため、「2018 年 1 月からのキャンペーンの評価（異常を起こせたのか？）」のためのデータ分析をすることになりました。

■ P（Plan）

今回の課題を解決するために、「販売台数の異常検知モデル（重回帰）」のための数理モデルを構築することになりました。

そのために、2018 年より前のデータを利用し「販売台数の異常検知モデル（重回帰）」を構築し、この構築した数理モデルを利用することで、2018 年 1 月からの販売台数に異常を起こせたかどうかを「外れ値スコア」を求め判断し、キャンペーンが実際どうだったのかの検討をします。今回使う外れ値スコアは「ピアソン残差」と呼ばれるものです。

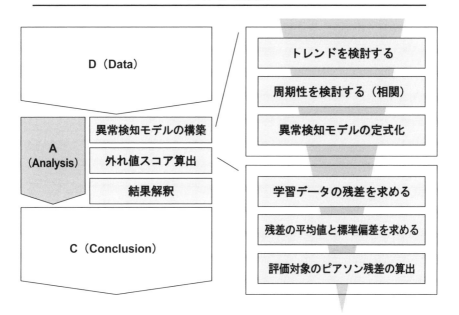

■ D（Data）

　事例で利用するデータセット（Excel ファイル：Exercise5-2.xlsx）について簡単に説明します。

　次のような各月の販売台数に関するデータのみを使います。

利用するデータの変数

変数	意味	目的変数 Y	説明変数 X	備考
yyyymm	年月			
sales	販売台数	✔		

変数は 2 つありますが、実際は販売台数のデータのみを使い、異常検知モデルを構築し、2018 年 1 月からのキャンペーンの評価を実施していきます。

利用するデータセット

	A	B
1	yyyymm	sales
2	201501	1,790
3	201502	2,750
4	201503	6,187
5	201504	1,758
6	201505	2,450
7	201506	4,258

説明変数 X に該当するデータがないように見えますが、目的変数 Y である「販売台数」から説明変数 X を作ります。

■　A（Analysis）

　今回は、「2017 年 12 月までのデータ（2018 年 1 月より前のデータ）」と「2018 年 1 月以降のデータ」に分けて分析を進めていきます。「2017 年 12 月までのデータ」を学習データとして使い、「販売台数の異常検知モデル（重回帰）」を構築します。「2018 年以降のデータ」は、異常かどうかの評価対象になります。

　通常、数理モデルを構築する前に、グラフを使い視覚的にデータの傾向を把握します。

　例えば、次のようなグラフを描きました。このグラフから周期性があることが分かります

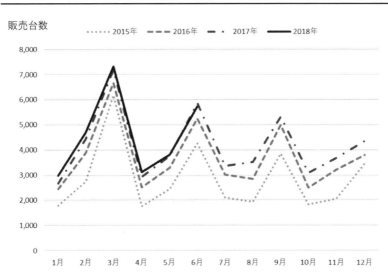

　年々、販売台数が上昇していることが見て取れ、2018 年も順調に上昇していそうです。

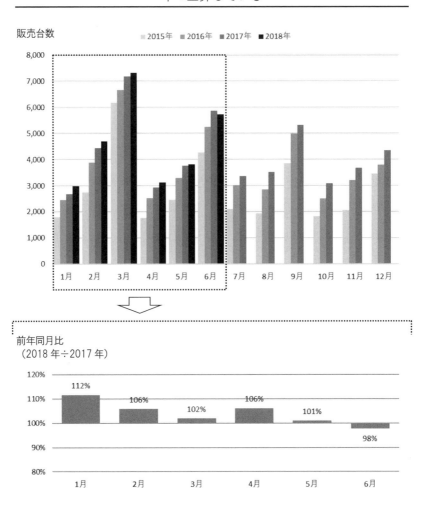

年々上昇している

販売台数

　グラフから言えるのは、販売台数が上昇傾向であること、そして周期性が非常に強いことです。

　この2つのポイントを考慮した数理モデルを構築していきます。そのため、次の 2 つの数理モデルを構築することで、「販売台数の異常検知モデ

ル（重回帰）」を構築していきます。

● トレンド成分モデル
● 周期性成分モデル

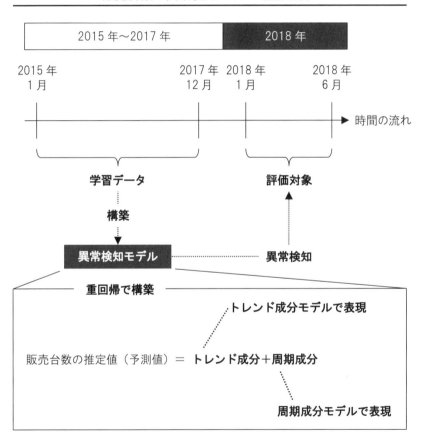

販売台数の異常検知モデル（重回帰）

まずは、「トレンド成分モデル」です。

「トレンド成分モデル」を作るために、次のようなデータを準備します。

新たな変数「time」を追加しデータを作る

	A	B	C
1	yyyymm	販売台数	time
2	201501	1,790	0
3	201502	2,750	1
4	201503	6,187	2
5	201504	1,758	3
6	201505	2,450	4
7	201506	4,258	5
8	201507	2,106	6
9	201508	1,933	7

新たに追加したデータ

上から順番に「0,1,2,…」と連続したデータを作る

Excel「データ分析」の回帰分析の設定は次のようになります。

「トレンド成分モデル」のための Excel「データ分析」の「回帰分析」の設定例

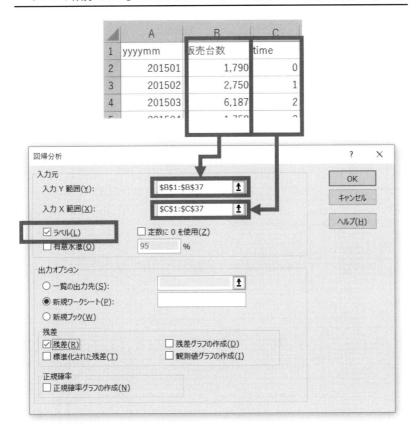

結果は、次のようになりました。

「トレンド成分モデル」のための Excel「データ分析」の「回帰分析」の出力

	A	B	C	D	E
1	概要				
2					
3		回帰統計			
4	重相関 R	0.333892			
5	重決定 R2	0.111484			
6	補正 R2	0.085351			
7	標準誤差	1345.906			
8	観測数	36			
9					
10	分散分析表				
11		自由度	変動	分散	則された分散
12	回帰	1	7727802	7727802	4.266054
13	残差	34	61589758	1811463	
14	合計	35	69317560		
15					
16		係数	標準誤差	t	P-値
17	切片	2801.957	439.447	6.376	0.000
18	time	44.600	21.593	2.065	0.047

変数「time」の P 値が 0.05（5%）
より小さいため有意と判断

　この結果から、変数「time」が有意であること、つまり販売台数が上昇傾向か下降傾向であることが分かります。係数の値がプラスのため、販売台数は上昇傾向です。これを数理モデル化（数式で表現）したのが「ト

レンド成分モデル」（回帰式）です。

「トレンド成分モデル」（回帰式）

	係数	標準誤差	t	P-値
切片	2801.957	439.447	6.376	0.000
time	44.600	21.593	2.065	0.047

回帰式

$$y = 2801.957 + 44.6 \times time$$

　この「トレンド成分モデル」（回帰式）だけで、販売台数を推測できるわけではありません。この「トレンド成分モデル」（回帰式）で予測できなかった部分が「残差」（残差＝実測値－予測値）です。この「残差」を、ここでは「トレンド除去後のデータ」と呼びます。

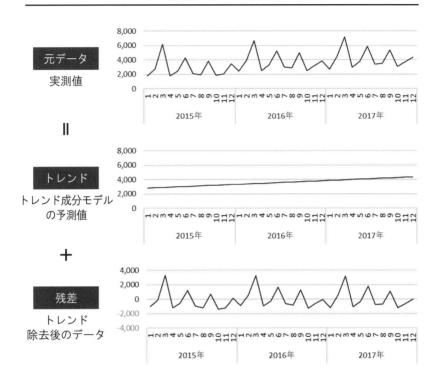

トレンド成分モデルの予測値と残差

次に、「周期成分モデル」です。

次のような「トレンド除去後のデータ」を目的変数 Y とし「周期成分
モデル」を構築していきます。

変数「トレンド除去後のデータ」を使いモデルを構築する

	A	B
1	yyyymm	トレンド除去後のデータ
2	201501	-1,012
3	201502	-97
4	201503	3,296
5	201504	-1,178
6	201505	-531
7	201506	1,233
8	201507	-964
9	201508	-1,181

「トレンド成分モデル」の残差（＝実測値－予測値）

　周期性の検討をするために、「トレンド除去後のデータ」を、1 カ月ず
らしたデータ（新変数「lag1」）、2 カ月ずらしたデータ（新変数
「lag2」）という感じで、数カ月ずらしたデータ（ラグデータと呼びま
す）を作ります。

ラグデータを作る
_____

	A	B	C	D	E	F
1	yyyymm	トレンド除去後のデータ	lag1	lag2	lag3	lag4
2	201501	-1,012				
3	201502	-97	-1,012			
4	201503	3,296	-97	-1,012		
5	201504	-1,178	3,296	-97	-1,012	
6	201505	-531	-1,178	3,296	-97	-1,012
7	201506	1,233	-531	-1,178	3,296	-97
8	201507	-964	1,233	-531	-1,178	3,296
9	201508	-1,181	-964	1,233	-531	-1,178

1カ月ずらす

1カ月ずらす

1カ月ずらす

1カ月ずらす

ラグデータ

　この新たに作ったデータセット（「トレンド除去後のデータ」と「ラグ
データ」）を使い、相関係数を計算します。相関係数は Excel 関数で簡単
に求められますが、今回は Excel「データ分析」の「相関」を使います。
次のようになります。

Excel「データ分析」の「相関」を使い相関係数を計算

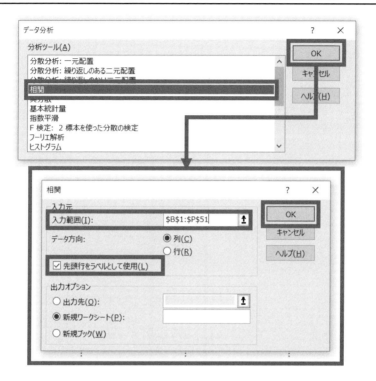

結果は、次のようになりました。

Excel「データ分析」の「相関」の出力

	A	B	C	D	E
1		トレンド除去後のデータ	lag1	lag2	lag
2	トレンド除去後のデータ	1			
3	lag1	-0.2257	1		
4	lag2	-0.36121	-0.2257	1	
5	lag3	0.633175	-0.36121	-0.2257	
6	lag4	-0.30605	0.633175	-0.36121	-0.2
7	lag5	-0.44141	-0.30605	0.633175	-0.36
8	lag6	0.527559	-0.44141	-0.30605	0.633
9	lag7	-0.41642	0.527559	-0.44141	-0.30
10	lag8	-0.34796	-0.41642	0.527559	-0.44
11	lag9	0.4932	-0.34796	-0.41642	0.527
12	lag10	-0.37038	0.4932	-0.34796	-0.41
13	lag11	-0.18867	-0.37038	0.4932	-0.34
14	lag12	0.979498	-0.18867	-0.37038	0.4
15	lag13	-0.27763	0.979498	-0.18867	-0.37
16	lag14	-0.31681	-0.27763	0.979498	-0.18

⬇

「トレンド除去後のデータ」
と「ラグデータ」との相関

相関係数

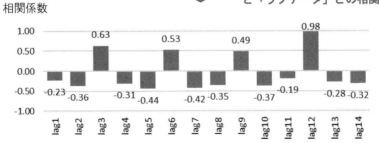

　「トレンド除去後のデータ」は、変数「lag12」（12 カ月周期）との相関が高いことが分かります。少なくとも 12 カ月周期をモデル化したほうがよさそうです。他には、変数「lag3」や変数「lag6」などの相関も高そうです。今回は、説明を簡単にするため変数「lag12」のみを使い「周期成分モデル」を構築します。

　変数「lag12」のみを使い「周期成分モデル」を構築するため、次のようなデータセットを準備します。データのない期間を除去したものです。

データのない期間の行を削り
「周期成分モデルの構築で使うデータセット」を作る

▲	A	B	C
1	yyyymm	トレンド除去後のデータ	lag12
2	201501	-1,012	
3	201502	-97	
4	201503	3,296	
5	201504	-1,178	
6	201505	-531	
7	201506	1,233	
8	201507	-964	
9	201508	-1,181	
10	201509	690	
11	201510	-1,370	
12	201511	-1,194	
13	201512	151	
14	201601	-888	-1,012
15	201602	508	-97
16	201603	3,232	3,296
17	201604	-962	-1,178
18	201605	223	531

データのない期間の行を削る

データのない期間

▲	A	B	C
1	yyyymm	トレンド除去後のデータ	lag12
2	201601	-888	-1,012
3	201602	508	-97
4	201603	3,232	3,296
5	201604	-962	-1,178
6	201605	-223	-531
7	201606	1,681	1,233
8	201607	-595	-964
9	201608	-810	-1,181
10	201609	1,292	690
11	201610	-1,240	-1,370
12	201611	-572	-1,194
13	201612	-35	151
14	201701	-1,202	-888
15	201702	520	508
16	201703	3,227	3,232
17	201704	-1,069	-962

　このデータセットを使い周期成分モデルを構築します。Excel「データ分析」の回帰分析の設定は次のようになります。

「周期成分モデル」のための Excel「データ分析」の回帰分析の設定例

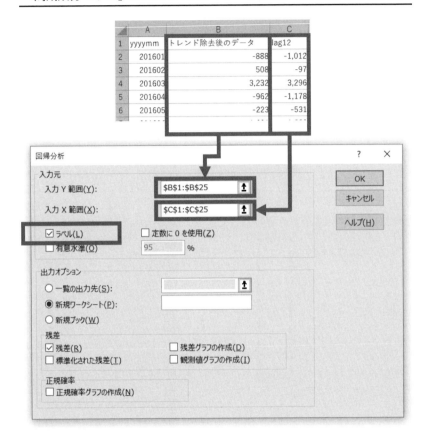

結果は、次のようになりました。

「周期成分モデル」のための Excel「データ分析」の回帰分析の出力

	A	B	C	D	E
1	概要				
2					
3		回帰統計			
4	重相関 R	0.979498			
5	重決定 R2	0.959417			
6	補正 R2	0.957573			
7	標準誤差	272.27			
8	観測数	24			
9					
10	分散分析表				
11		自由度	変動	分散	測された分散
12	回帰	1	38555740	38555740	520.1031
13	残差	22	1630881	74130.96	
14	合計	23	40186621		
15					
16		係数	標準誤差	t	P-値
17	切片	120.946	55.594	2.17	0.041
18	lag12	0.969	0.043	22.80	0.000

変数「lag12」の P 値が 0.05（5%）
より小さいため有意と判断

この結果から、変数「lag12」が有意であること、つまり販売台数が 12 カ月周期であることが分かります。これを数理モデル化（数式で表現）したのが「周期成分モデル」（回帰式）です。

「トレンド成分モデル」（回帰式）

	係数	標準誤差	t	P-値
切片	120.946	55.594	2.176	0.041
lag12	0.969	0.043	22.806	0.000

回帰式

$$y = 120.946 + 0.969 \times lag12$$

以上で次の2つの数理モデル（回帰式）が構築できました。

● トレンド成分モデル
● 周期性成分モデル

この2つの数理モデル（回帰式）を足し合わせ「販売台数の異常検知モデル」を構築します。

販売台数の異常検知モデル

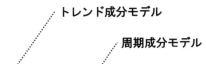

トレンド成分モデル

周期成分モデル

$$
\begin{aligned}
販売台数の予測値 &= トレンド成分 + 周期成分 \\
&= 2801.957 + 40.6 \times time \\
&\quad + 120.946 + 0.969 \times lag12
\end{aligned}
$$

構築した「販売台数の異常検知モデル」を使い、2015年1月から2017年12月までの学習データの残差（残差＝実測値−推定値）を計算します。

販売台数の異常検知モデルで学習データの販売台数を推定し残差を求める

トレンド成分モデルの
パラメータ（切片と係数）を入力する
（左：切片、右：係数）

周期成分モデルの
パラメータ（切片と係数）を入力する
（左：切片、右：係数）

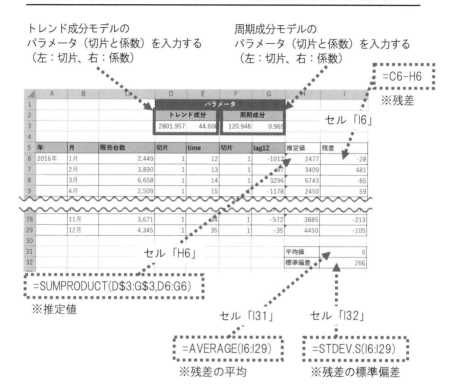

=C6−H6

※残差

セル「I6」

セル「H6」

=SUMPRODUCT(D$3:G$3,D6:G6)

※推定値

セル「I31」

=AVERAGE(I6:I29)

※残差の平均

セル「I32」

=STDEV.S(I6:I29)

※残差の標準偏差

　この残差の、平均値と標準偏差を求めます。今回は、Excel関数を使い求めています。残差の平均値は「0」で標準偏差は「266」です。

　次に、構築した「販売台数の異常検知モデル」を使い評価対象の2018年1月から6月の間の販売台数の予測値を求めます。予測値を求めたら、残差を計算します。この残差からピアソン残差と呼ばれるものを求めます。今回は、ピアソン残差の絶対値が2以上の場合に「異常である」と判断します。詳細な説明は省きますが、統計的仮説検定と関連した基準です。

販売台数の異常検知モデルで
テストデータの販売台数を予測しピアソン残差を求める

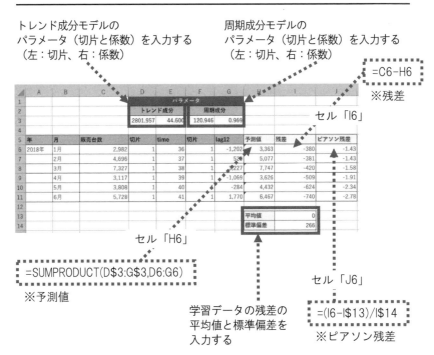

トレンド成分モデルの
パラメータ（切片と係数）を入力する
（左：切片、右：係数）

周期成分モデルの
パラメータ（切片と係数）を入力する
（左：切片、右：係数）

=C6-H6

※残差

セル「I6」

=SUMPRODUCT(D$3:G$3,D6:G6)

※予測値

セル「H6」

学習データの残差の
平均値と標準偏差を
入力する

セル「J6」

=(I6-I$13)/I$14

※ピアソン残差

　ピアソン残差の絶対値が2以上かどうかだけでは、異常かどうかしか分かりません。プラスなのかマイナスなのかで大きく結論が変わります。プラスであれば「いまだかつてない 成果がでた！」、マイナスであれば「いまだかつてないぐらい 成果がなかった」です。ピアソン残差の絶対値が2より小さい場合には「例年通りだった」となります。

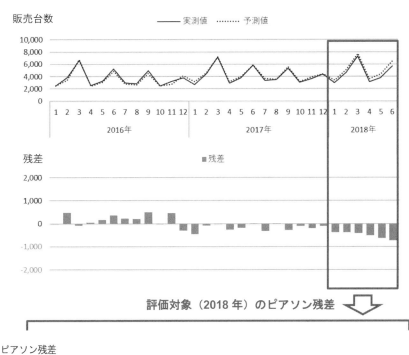

残差とピアソン残差

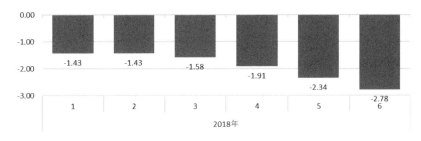

評価対象（2018 年）のピアソン残差

■　C（Conclusion）

　2018 年 1 月から今までとテーストの異なるキャンペーンを企画し実行しました。単純に集計した結果からは問題なさそうですが、以上の分析結

5章・Excel のみで実施した PPDAC 事例

果から考えると、今までとテーストの異なる企画は良かったとは言えないようです。

そのまま企画を継続し、しばらく様子を見てから対策を練るか、企画をそのまま継続し来年の企画の糧にするか、そのまま様子を見ることなくすぐに対策を打つか、など色々考えられそうです。今回は、来年の企画の糧にするため、そのまま企画を継続しデータを取得することになりました。

この事例の続きとして、キャンペーンの広告・販促の投資配分に対する貢献度を求める数理モデル（マーケティング・ミックス・モデルと呼ばれるもの）を構築しました。広告・販促の媒体ごとの販売台数を推定することができ、各広告・販促の投資コストから、各広告・販促の媒体の費用対効果を見積もることができるようになります。企画の質的な要素だけでなく、量的な要素（どの広告媒体にどれだけ投資したのか）も併せて検討するためです。

5-3. 先日の土・日の売上が落ちた要因は、何であろうか？

■ P（Problem）

ある大手アパレルチェーンです。

販促活動は、定型化し、ほぼ昨年と同じことを同時期に実施していました。社内にはデータがそれなりに蓄積されていたが、十分に活用されているとはいい難い状況です。

休日などの暦や、チラシなどの販促、天気などの天候は売上に大きく影響を与え、決まって休日に売上が跳ねていました。

しかし、今までの土・日などの休日に比べ、直近の土・日（2016/10/22、2016/10/23）の日販が悪く、その要因を探ることになりました。

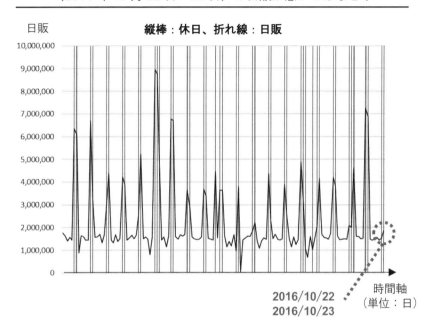

今までの休日に比べ直近の土・日
（2016 年 10 月 22 日・23 日）の日販が悪いのはなぜ？

さらに、今後どのようにデータを活用し、どのように動くのかという検討も併せて実施されました。

■　P（Plan）

今回の課題を解決するために、過去データを使い要因間の関係を表現する「グラフィカルモデル（実際は、パス解析を実施しパス図を描く）」を構築することになりました。

グラフィカルモデルを構築しただけでは、構造把握するだけで、課題は解決されません。単に、要因候補が炙り出されるだけです。そのため、グラフィカルモデルを構築した後の、要因特定と対策立案が非常に重要になってきます。

241

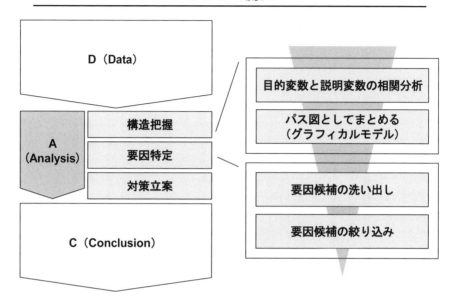

■ D（Data）

事例で利用するデータセット（Excel ファイル：Exercise5-3.xlsx）について簡単に説明します。

次のような、売上と客単価、客数、それらに影響を与えると思われる要因（気温、降水量、値引率、チラシ配布量）に関するデータを使います。実際の変数の数は膨大（数百から数千）ですが、今回はこの 4 つの変数で説明を進めます。

利用するデータの変数

変数	意味	目的変数 Y	説明変数 X	備考
date	日付			年／月／日
day_of_the_week	曜日			
holiday	休日フラグ			0：平日、1：休日
y	売上	✔		1日の売上（日販）
x1	平均気温		✔	
x2	降水量		✔	
x3	平均値引率		✔	
x4	チラシ配布量 （有効日ベース）		✔	チラシを新聞に折り込み撒いたのが金曜日で、チラシの有効日が休日

　このデータを平日・休日別で集計し平均値を計算すると次のようになりました。

平日・休日別の集計結果

	日数	平均値				
		y	x1	x2	x3	x4
		日販	平均気温	雨量	平均値引率	チラシ配布量
平日	95	1,476,192	24.46	7.83	0.45%	0
休日	45	3,989,321	24.27	6.68	20.18%	23,811
2016/10/22 (土)	1	1,517,008	17.70	52.90	16.90%	3,250
2016/10/23 (日)	1	1,858,488	16.90	36.50	16.50%	3,250

　基本、平日よりも休日の日販が高く、値引きやチラシの配布が休日の日販を上げるために実施されていることが分かります。また、今までの土・日などの休日に比べ、直近の土・日（2016/10/22、2016/10/23）の日販が悪いことも分かります。

　休日の構造を明らかにするために、休日に絞った次のようなデータセットを使います。

休日に絞ったデータ分析で利用するデータセット

	A	B	C	D	E	F	G	H
1	date	day_of_the_week	holiday	y	x1	x2	x3	x4
2	2016/6/11	Sat	1	6,359,948	22.1	0	0.287	30,000
3	2016/6/12	Sun	1	6,096,876	22.1	0	0.257	30,000
4	2016/6/18	Sat	1	6,691,572	28.5	0	0.313	37,500
5	2016/6/19	Sun	1	3,216,249	22.1	1.5	0.313	37,500
6	2016/6/25	Sat	1	3,011,817	22.8	0.5	0.204	22,500
7	2016/6/26	Sun	1	4,376,540	25.5	0	0.177	22,500
8	2016/7/2	Sat	1	4,222,841	28.2	0	0.208	22,500
9	2016/7/3	Sun	1	3,868,808	29.9	0	0.172	22,500
10	2016/7/9	Sat	1	2,553,842	22.3	8.8	0.256	30,000
11	2016/7/10	Sun	1	5,254,485	27.5	0	0.241	30,000
12	2016/7/16	Sat	1	8,946,684	24.1	0	0.477	60,000
13	2016/7/17	Sun	1	8,773,833	25.7	0	0.495	60,000
14	2016/7/18	Mon	1	4,740,743	31.3	1.7	0.477	60,000

■　A（Analysis）

　まず、構造把握のために「目的変数と説明変数の相関」を分析し、その結果をもとにパス図を描くことでグラフィカルモデルとします。

　直近の土・日（2016/10/22、2016/10/23）より前の休日のデータを使い、パス図を描きます。次のように目的変数 Y と説明変数 X を設定し、単回帰分析を繰り返すことでパス図を描いていきます。

- 目的変数 Y：日販、説明変数 X：平均気温
- 目的変数 Y：日販、説明変数 X：降水量
- 目的変数 Y：日販、説明変数 X：平均値引率
- 目的変数 Y：日販、説明変数 X：チラシ配布量

単回帰分析を実施したとき、説明変数 X の係数が統計的有意であれば、グラフィカルモデルの線を引きます。

今回は、「目的変数 Y：日販、説明変数 X：平均気温」だけ説明します。他の単回帰分析の進め方も基本同じです。

「目的変数 Y：日販、説明変数 X：平均気温」の単回帰分析を実施するときの、Excel「データ分析」の「回帰分析」の設定は次のようになります。

「目的変数 Y：日販、説明変数 X：平均気温」の「回帰分析」の設定例

結果は、次のようになりました。

「目的変数 Y：日販、説明変数 X：平均気温」の「回帰分析」の出力

	A	B	C	D	E
1	概要				
2					
3		回帰統計			
4	重相関 R	0.082474532			
5	重決定 R2	0.006802049			
6	補正 R2	-0.01629558			
7	標準誤差	1983337.692			
8	観測数	45			
9					
10	分散分析表				
11		自由度	変動	分散	則された分散
12	回帰	1	1.15842E+12	1.16E+12	0.294491
13	残差	43	1.69146E+14	3.93E+12	
14	合計	44	1.70304E+14		
15					
16		係数	標準誤差	t	P-値
17	切片	3060807.464	1736364.393	1.763	0.085
18	x1	38255.906	70495.648	0.543	0.590

変数「x1」の P 値が 0.05（5%）より大きいため有意であるとは言えないと判断

　説明変数 X の係数が統計的有意でないため、「日販」と「平均気温」の間には線を引きません。

　次の表は、他の単回帰分析を含めた結果です。この結果から、次のようなパス図を描きグラフィカルモデルとしました。

目的変数 Y	目的変数 X	係数の P 値	有意
日販	平均気温	0.590	
日販	降水量	0.000	✔
日販	平均値引率	0.000	✔
日販	チラシ配布量	0.000	✔

単回帰を利用した単純なパス図（簡単なグラフィカルモデル）

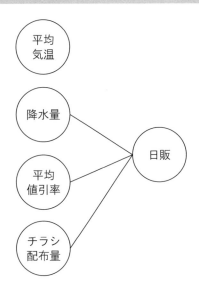

　グラフィカルモデルを描くとき、目的変数 Y と説明変数 X の関係性だけでなく、説明変数 X 間の関係性も分析し描きます。相関をもとに描くのであれば、相関係数の高い説明変数 X 間の間に線を引くということです。例えば、「値引率」と「チラシ配布量」の間の相関は大きいため、「値

引率」と「チラシ配布量」の間の線を引くという感じです。ここでは話しを簡単にするため、説明変数 X 間の検討にせずに話しを進めます。

　次に、要因特定するために「要因候補の洗い出し」を行います。

　今構築したグラフィカルモデルのパス（線）を辿ることで、要因候補が抽出できます。

　今回のケースですと、「平均気温」以外が要因候補になります。なぜならば、「日販」からの「平均気温」までのパス（線）が辿れないからです。

要因候補の洗い出し

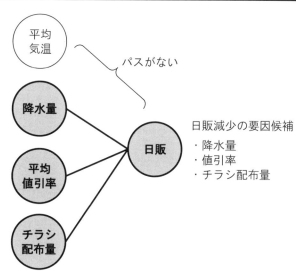

　要因候補が洗い出されたら、次に絞り込みを行います。

　直近の土・日（2016/10/22、2016/10/23）を含めた、時系列の折れ線グラフを作ると、次のようになりました。休日だけでなく平日を含めた全データになります。

時系列の折れ線グラフ（横軸：時間軸）

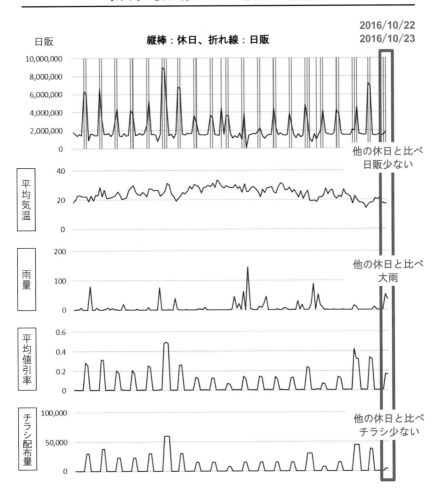

直近の土・日（2016/10/22、2016/10/23）に大きく日販は悪化しましたが、この悪化とともに変動した要因候補を特定していきます。グラフを見ただけで何となく分かりそうですが、ここでは回帰分析を実施することで特定していきます。

　具体的には、直近の土・日（2016/10/22、2016/10/23）とそれ以前の各要因候補のデータの値に差があるのかどうかを検討してきます。差がある要因候補が、今回の日販の悪化とともに変動していた要因です。

　重回帰分析を利用し、次の差を検討します。

- 降水量
- 平均値引率
- チラシ配布量

　今回は、「降水量」が直近の土・日（2016/10/22、2016/10/23）とそれ以前で差があるかどうかの検討だけ説明します。他の要因候補の重回帰分析の進め方も基本同じです。

　回帰分析の目的変数 Y と説明変数 X は次のようになります。

- 目的変数 Y：降水量
- 説明変数 X：休日フラグ、対象日フラグ

　「降水量」（x2）と「休日フラグ」（holiday）は、元からあるデータです。「対象日フラグ」は、回帰分析用に新しく作ったデータです。直近の土・日（2016/10/22、2016/10/23）であれば「1」、それ以前のデータであれば「0」の値をとります。

　このデータセットは、次のようになります。

利用するデータセット

	A	B	C	D	E	F	G	H	I
1	date	day_of_the_week	y	x1	x2	x3	x4	holiday	対象日フラグ
2	2016/6/6	Mon	1,766,278	18.3	0	0.006	0		0
3	2016/6/7	Tue	1,642,294	19.8	0.9	0.002	0		0
4	2016/6/8	Wed	1,403,975	22.8	0.5	0.002	0		0
137	2016/10/19	Wed	1,567,627	20.9	0	0.005	0		0
138	2016/10/20	Thu	1,573,684	20.8	0	0.002	0		0
139	2016/10/21	Fri	1,451,340	17.8	0.5	0.007	0		0
140	2016/10/22	Sat	1,517,008	17.7	52.9	0.169	3,250	1	1
141	2016/10/23	Sun	1,858,488	16.9	36.5	0.165	3,250	1	1

1：直近の土・日（2016/10/22、2016/10/23）
0：それ以前

Excel「データ分析」の「回帰分析」の設定は次のようになります。

「目的変数 Y：雨量、説明変数 X：休日フラグ・対象日フラグ」の回帰分析の設定例

	A	B	C	D	E	F	G	H	I
1	date	day_of_the_week	y	x1	x2	3	x4	holiday	対象日フラグ
2	2016/6/6	Mon	1,766,278	18.3	0	0.006	0	0	0
3	2016/6/7	Tue	1,642,294	19.8	0.9	0.002		0	0
4	2016/6/8	Wed	1,403,975	22.8	0.5	0.002		0	0

回帰分析　?　×

入力元

入力 Y 範囲(Y):　$E$1:$E$141

入力 X 範囲(X):　$H$1:$I$141

☑ ラベル(L)　□ 定数に 0 を使用(Z)

□ 有意水準(Q)　95　%

OK
キャンセル
ヘルプ(H)

出力オプション

○ 一覧の出力先(S):

◉ 新規ワークシート(P):

○ 新規ブック(W)

残差

☑ 残差(R)　□ 残差グラフの作成(D)

□ 標準化された残差(T)　□ 観測値グラフの作成(I)

正規確率

□ 正規確率グラフの作成(N)

結果は、次のようになりました。

「目的変数 Y：雨量、説明変数 X：休日フラグ・対象日フラグ」の
回帰分析の出力

	A	B	C	D	E
1	概要				
2					
3	回帰統計				
4	重相関 R	0.238134			
5	重決定 R2	0.056708			
6	補正 R2	0.042937			
7	標準誤差	19.29747			
8	観測数	140			
9					
10	分散分析表				
11		自由度	変動	分散	測された分散
12	回帰	2	3067.023	1533.511	4.118001
13	残差	137	51017.73	372.3922	
14	合計	139	54084.76		
15					
16		係数	標準誤差	t	P-値
17	切片	7.831579	1.980	3.956	0.000
18	holiday	-2.9246	3.547	-0.825	0.411
19	対象日フラグ	39.79302	13.959	2.851	0.005

変数「対象日フラグ」の P 値が 0.05（5%）
より小さいため有意であると判断

　説明変数 X の係数が統計的有意のため、「降水量」は日販悪化の要因で
ある可能性があります。あくまでも、データ上のお話なので、どう解釈す
るのかは、最終的に人が実施する必要があります。あくまでもデータ分析
は解釈や意思決定を助けるだけです。

次の表は、他の重回帰分析を含めた結果です。

重回帰分析の結果を用い要因候補を絞り込む

目的変数 Y	目的変数 X	係数のP値	有意
降水量	対象日フラグ	0.005	✔
平均値引率	対象日フラグ	0.466	
チラシ配布量	対象日フラグ	0.001	✔

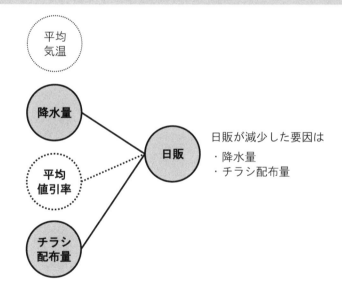

要因候補の絞り込み

日販が減少した要因は
・降水量
・チラシ配布量

このことから、「日販」が悪化したのは「降水量」が増え（大雨）、「チラシ配布量」が少なかったからだ、ということが分かります。

何度も言いますが、あくまでもデータから見た結果です。グラフィカルモデルも因果関係を表現したものではなく、データから見た傾向に過ぎません。どう解釈し判断するのかは人間が最終的に実施します。

今回は、「降水量」と「チラシ配布量」を要因と特定しました。実際は、データには表れない要因もあったかもしれません。一旦は、要因特定はここで留めておきます。

次は、対策立案です。

対策立案は、ここまでのデータ分析結果を踏まえ、検討してきます。いくつか対策案が出されました。

例えば、「売上を平準化するために、雨などで客足が遠のきそうな時期にはチラシなど販促施策を強化すべきだ」という意見や、「販促は費用対効果を重視し、売上が悪い時期だからという理由で、販促を強化すべきでない。年間売上が最大化するように販促プランを立案すべきだ」という意見などがでました。

■ C（Conclusion）

結論は、「年間売上が最大化するように販促プランを立案すべきだ」という意見になり、そのためにデータを用い実施することになりました。要は、データドリブンな広告・販促プランを目指すということです。

この事例の続きとして、広告・販促の投資配分を決める数理モデル（非線形最適化モデルと呼ばれるものです）を構築しました。

この数理モデルのために、広告・販促のプランをインプットにした売上予測モデルも構築も併せて構築しました。詳細説明は避けますが、2 つの数理モデル（非線形最適化モデルと売上予測モデル）を合わせることで、「どのタイミングで、どの広告・販促媒体に、いくら投資すべきか」という広告・販促の投資配分レコメンドと売上予測を、比較的容易に実現できます。

────────── 著 者 紹 介 ──────────

高橋　威知郎（たかはし　いちろう）
株式会社セールスアナリティクス 代表取締役
データ分析・活用コンサルタント

内閣府（旧総理府）およびコンサルティングファーム、大手情報通信業など
を経て現職。約 20 年間、一貫してデータ分析に携わる。現在は、営業やマーケ
ティング、生産、開発などの現場における地に足がついたデータ分析・活用
（データドリブン化）の支援を実施。

問題解決のためのデータ分析応用講座

2020 年 10 月 1 日　初版第 1 刷発行

著 者　高　橋　　威知郎
発行者　中　野　　進　介
発行所　㈱ビジネス教育出版社

〒102-0074　東京都千代田区九段南 4-7-13
Tel 03（3221）5361／Fax 03（3222）7878
E-mail info@bks.co.jp https://www.bks.co.jp

落丁・乱丁はお取り替えします。　　　　　　組版／株式会社武蔵野ビジネス企画
　　　　　　　　　　　　　　　　　　　印刷・製本／三美印刷株式会社

ISBN978-4-8283-0857-9